Tomas Avenarius

Mehr Gottesfurcht als Allah brauchen kann

Afghanische Eindrücke

Tomas Avenarius

Mehr Gottesfurcht als Allah brauchen kann

Afghanische Eindrücke

Picus Reportagen

Picus Verlag Wien

Die Deutsche Bibliothek – CIP-Einheitsaufnahme

Avenarius, Tomas
Mehr Gottesfurcht als Allah brauchen kann:
Afghanische Eindrücke / Tomas Avanarius. –
Wien: Picus Verl., 2002
(Picus Reportagen)
ISBN 3-85452-759-4

Grafische Gestaltung: Dorothea Löcker, Wien
Umschlagabbildung:
© Emmanuel Dunand/APA/Contrast
Druck und Verarbeitung:
Druckerei Theiss GmbH, A-9400 Wolfsberg
ISBN 3-85452-759-4

Inhalt

Vorwort

Angeblich fahren Journalisten vor allem deshalb an Orte, weil dort gerade etwas passiert. Aber das ist nur ein Vorwand. In Wirklichkeit fahren sie immer dorthin, wo es ihnen am besten gefällt.

Warum gefällt einem Afghanistan? Man nehme ein Blatt Papier, zerknülle es in der Faust und ziehe es sehr nachlässig an zwei gegenüberliegenden Ecken wieder glatt: So ungefähr sieht Afghanistan aus. Zerklüftet, schroff, abweisend. Aber irgendwie großartig. Es muß also etwas dran sein an diesem Land. Vernünftige Gründe, es zu mögen oder gerne dorthin zu reisen, gibt es keine: Seit Jahrzehnten herrschen Krieg und Armut, die meisten Städte sind Ruinen, die Straßen haben mehr Schlaglöcher als Asphalt, die Autos und Busse, die darauf rollen, verdienen diese Bezeichnung nicht. Die Menschen sind gastfreundlich, aber viele der Männer tragen ein Gewehr mit sich herum, was der Gastfreundschaft einen Beigeschmack gibt. Mit den Frauen kommt einer in diesem Land ohnehin nicht ins Gespräch. Die Gasthäuser, falls es sie denn gibt, sind nicht gastlich. Sie sind jenseits aller Beschreibung; die Speisekarte wechselt zwischen »Hammel mit Reis« und »Reis mit Hammel«. Was die Politik angeht: Ein Jammertal mit Hauptstadt und international anerkannten Grenzen. Mehr muß man dazu nicht mehr sagen.

Das Talibanregime war – möglicherweise – der

Höhepunkt der afghanischen Wirrnisse. Ob nach dem »Krieg gegen den Terror« Frieden einkehrt am Hindukusch? Abwarten. In Afghanistan geschieht mit einer gewissen Gesetzmäßigkeit fast immer das, was als unwahrscheinlich oder ausgeschlossen gilt.

Auf jeden Fall ist da jedesmal wieder dieses Gefühl von Freude, wenn der pakistanische Grenzbeamte am Khyberpaß seinen großen dreieckigen »Ausreisestempel« auf den Paß niedersausen läßt. Mit dem Stempel öffnet sich das große blaue Grenztor. Vor einem liegt Afghanistan.

Die Freude hat sich beim ersten Mal eingestellt, das war vor Jahren. (Die Sowjets waren weg, ihre Statthalter noch an der Macht, die Mudschaheddin noch in den Bergen.) Und sie stellte sich immer wieder ein. Zeitweilig schlugen sich die Mudschahedin die Schädel gegenseitig ein, dann kamen die Taliban. Schließlich gingen auch die. Jetzt ist wieder alles offen.

Einmal durch das Tor am Khyberpaß, ist nicht mehr viel zu falsch machen. Es gibt im Grunde nur eine einzige große Straße und die verbindet alle wichtigen Städte: Dschalalabad, Kabul, Masar-i-Scharif, Herat, Kandahar – es ist ein Kreisverkehr durch eine Katastrophe. Die Frage war nur, wo der Reisende gerade hinkam: Meist lief irgendeine Front quer über diese Straße. Aber irgendwie ging es dann doch.

Die Reportagen in diesem Band stammen nicht nur aus Afghanistan. Manches wurde im pakistanischen Grenzgebiet erlebt, dem Gürtel aus verschiedenen Stammesgebieten entlang der pakistanisch-afghanischen Grenze. Die Grenze dort haben die englischen Kolonialherren vor mehr als hundert Jahren gezogen; sie entspricht nicht dem, was die Menschen beiderseits der »Durand-Linie« empfinden. Sie seien, so sagen sie, »Afghanen mit pakistanischem Paß«. Wenn sie dies selbst so sehen, gibt es keinen Grund, ihre Geschichten nicht hinzuzunehmen zu den afghanischen Eindrücken.

Weil es Eindrücke aus einem Land im Krieg sind, handeln die meisten Geschichten vom Krieg oder von dem, was er bewirkt: Hunger, Flucht und Leid. Manche Voraussage hat sich als übereilt erwiesen, manche sich abzeichnende Entwicklung nahm ein weniger dramatisches Ende als erwartet, einige Schlußfolgerungen waren falsch. Da es Reportagen für eine Tageszeitung sind, die meist in Eile geschrieben werden, kann das wohl nicht anders sein.

Natürlich hätte es immer auch ganz anderes zu beschreiben und zu schreiben gegeben. In Afghanistan gibt es Normalität – selbst in der Katastrophe gibt es einen Alltag. Der Alltag in der Katastrophe, das ist ungewöhnlich. Und damit ein guter Vorwand, wieder nach Afghanistan zu fahren.

Dem Teufel auf der Spur

Warum es manchmal nötig sein kann, mit einem ruinierten Jeep und einem Schlitzohr als Fahrer das nordafghanische Gebirge zu durchqueren

Es war längst zu spät, irgend etwas zu bereuen. Der Jeep rührte sich nicht mehr von der Stelle. Rechts beugte sich ein halb abgerutschter Berghang über die Straße, zur Linken fiel eine Schlucht ab, an deren Grund der Fluß vorbeigurgelte. Am Himmel zuckten die Blitze eines heranrollenden Gewitters. Shirin Agha, der Fahrer, machte sich hektisch unter dem Wagen zu schaffen. Die provozierende Gelassenheit, die er den ganzen Tag über zur Schau gestellt hatte wie ein Pfau sein Rad, war verschwunden. Seine Kaltschnäuzigkeit angesichts des gemeingefährlichen Zustands der Straße und seines Autos war verzweifelter Hilflosigkeit gewichen. Die aberwitzigen Erklärungen für die Mängel des Jeeps klangen noch immer nicht glaubhaft, doch seine Ratlosigkeit angesichts der verfahrenen Lage war offensichtlich. Die trübselige Taschenlampe, der eine Schraubenschlüssel und die abgebrochene Messerklinge – um die zu Bruch gegangene Benzinpumpe zu reparieren, war das entschieden zu wenig. Es war Zeit, sich nach einem sicheren Schlafplatz umzusehen.

»Sieben Stunden, wenn das Wetter und die Straße gut sind«, hatte Shirin Agha gesagt. Sein

Jeep sei »gut, sehr gut sogar«. 13 Stunden und unzählige Pannen später hatte der altersschwache russische Geländewagen auf halber Strecke kapituliert.

Die Fahrt hatte in dem kleinen Marktflecken Rustaq im nordafghanischen Erdbebengebiet begonnen und sollte ins nicht einmal zweihundert Kilometer entfernte Feizabad führen; eine Reise durch die atemraubende Gebirgslandschaft des Hindukusch und über eine Straße, die im Ruf steht, ebenso spektakulär wie gefährlich zu sein.

Leicht nach vorne gebeugt saß Shirin Agha am Steuer, sein spitzes Bärtchen und die in die Stirn geschobene flache Filzkappe drückten sein Gesicht zu einem satanischen Dreieck zusammen. Hinter ihm saß Ezzam, sein Beifahrer, zuständig für alles, was Arbeit machte. Der Junge sprang aus dem Wagen, kurbelte den am Hang ewig absterbenden Motor an, schob, wenn das Auto im Schlamm festsaß. Der russische Jeep war spartanisch ausgestattet. Das wenige an Komfort, das er bot, war vor Jahren zu Bruch gegangen oder ausgeschlachtet worden. Die Sitze waren durchgesessen, die russische Blattfederung machte ihrem Namen Ehre. Für die anfangs geäußerten Befürchtungen über den Zustand von Wagen und Straße hatte Shirin Agha nur ein verächtliches Grinsen übrig.

Unterwegs in Afghanistan. Wohl kaum ein Land der Erde ist so abgeschottet von der Außenwelt wie der zentralasiatische Chaosstaat, durch den zwanzigjährigen Krieg, durch seine schroffe, abweisende Landschaft und durch seine Menschen, die ebenso gastfreundlich wie unberechenbar sind. Afghanistan ist ein weißer Flecken auf der Landkarte der Zivilisation. Ein Land, bevölkert von 15 bis zwanzig Millionen Menschen – so genau weiß das keiner – und vollgestopft mit so viel Waffen, daß sich alle Afghanen gegenseitig umbringen könnten.

Der Wagen ächzte, stöhnte, schnaufte, stolperte über Felsbrocken, schob sich über Erdspalten, schmatzte durch Schlammlöcher, neigte sich bedrohlich zur Seite und richtete sich dann gegen alle Gesetze der Physik doch wieder auf. Shirin Agha hatte den rechten Fuß gleichzeitig auf Gas und Bremse, bearbeitete dabei mit dem linken die Kupplung, ruckte und zerrte an den Schaltknüppeln.

Das war keine Straße, das war keine Schotterpiste, das war auch kein Saumpfad – das waren allenfalls die Überreste, die Fragmente von all dem. Durch das Erdbeben war sie an vielen Stellen von Erdrutschen blockiert: Die Querfeldeinumwege dauerten Stunden, Shirin Agha jagte seinen Beifahrer immer wieder aus dem Wagen. Der stand knöcheltief im Schlamm und schob verzweifelt.

Shirin Agha war alles andere als sympathisch. Er war geldgierig, rechthaberisch und nur selten ehrlich. Die von ihm nach jeder Panne neu berechneten Fahrzeiten zeichneten sich durch beeindruckende Kürze aus und standen in einem noch beeindruckenderen Mißverhältnis zur Realität. Alle Versuche, ihn in die Pflicht zu nehmen, scheiterten an seinem Auto oder an seiner biblischen Sturheit. »Afghanen lassen sich nicht kommandieren, wir machen es so, wie wir wollen. Sie sind ein Fremder, Sie sind Gast.« Sein zweites Erklärungsmodell für die Verzögerungen und Beschwerlichkeiten reduzierte sich auf den Satz: »Das ist Afghanistan, hier ist alles anders.«

Ein Jahr lang waren seine einzigen Fahrgäste Tote und Verletzte gewesen. Er fuhr sie von der Kunduz-Front in die hinteren Reihen. Dazu hatte ihn ein Warlord gezwungen, der wie alle kleineren Kommandanten in Afghanistan in seiner Region ein allmächtiger Despot war und nach Gutdünken über das Schicksal eines Menschen entscheiden konnte. Irgendwann hatte Shirin Agha genug vom Krieg und hatte sich samt Wagen in Richtung Rustaq aus dem Staub gemacht.

Die Pannen häuften sich. Immer öfter stieg auch Shirin Agha selbst aus. Seine Eingriffe erinnerten an die Frühzeit der Kriegschirurgie. Mal operierte er, ölverschmiert bis zu den Ellenbogen, das halbe Schaltgestänge aus dem Chassis, dann schraubte er an der Antriebswelle herum oder hämmerte mit einem Stein gegen das Getriebe. Improvisation war alles, jeder Bolzen war schon Dutzende Male geradegebogen worden, jede Schraube hoffnungslos ausgeleiert. Als Shirin Agha einen verlorengegangenen Bolzen gegen einen rasch aus einem Ast geschnitzten Holzstift austauschte, war klar, daß er zu allem bereit war.

Je länger die Fahrt dauerte, desto mehr verwandelte Shirin Agha sich in eine Art afghanischen Fitzcarraldo. So wie Klaus Kinski als irrer Kapitän das Unmögliche schaffen und ein Schiff über einen Berg ziehen wollte, war der Afghane entschlossen, seine rollende Ruine noch an diesem Tag bis nach Feizabad zu lenken. Wobei es dem Filmhelden im lateinamerikanischen Urwald wenigstens um das große Kautschukgeschäft, den Ruhm und eine verführerische Operndiva ging. Shirin Agha dachte bei seiner halsbrecherischen Fahrt durch den Hindukusch nur an die versprochenen dreihundert Dollar.

Überall waren Berge, die spitz gezackten Gipfel standen um die Täler gestaffelt wie die Zähne eines Raubfisches. Die einzelnen Gesteinsschichten lagen in graubraunen Platten schräg gegeneinander versetzt, was den Eindruck erweckte, als hätten die Berge sich in den Fischgrät grober Tweedjackets gehüllt. An den Hängen zogen sich die Dörfer hoch. Die übereinander geschachtelten Lehmhäuser klebten am Gestein wie Muscheln an den Meeresklippen. Auf den Feldern bewegten sich zwischen dem goldgelben Getreide grellbunte Farbtupfer – es waren die Frauen aus den Dörfern, die sich auf dem Boden zusammenkauerten, sobald sie die Fremden sahen und ihre feuerroten und orangefarbenen Tücher tief über Kopf und Körper zogen, bis von ihnen nichts mehr übrig war als ein saftiger Farbklecks auf erdigem Boden.

Die Reise ins nordafghanische Erdbebengebiet war planmäßig verlaufen, bis Shirin Agha auftauchte. Nach Rustaq zu gelangen, war einfach gewesen. In der Provinzhauptstadt Feizabad lag die Basis der internationalen Katastrophenhelfer. Dort landeten die Flugzeuge des Roten Kreuzes mit Decken, Planen und Säcken voller Weizen für die Opfer des Bebens. Getreide und Decken wurden zusammen mit Helfern und Journalisten von einigen wenigen Helikoptern in die zerstörten

Dörfer oder nach Rustaq geflogen. Der Weg zurück aber war versperrt: Die Hubschrauber blieben wegen schlechten Wetters am Boden, das Warten konnte Tage dauern. Blieb nur die Fahrt mit dem Auto.

Shirin Agha hatte den einzig verfügbaren Jeep am Ort und damit ein Monopol. Das Erdbeben bedeutete für ihn mehr als nur einen plötzlichen Konjunkturaufschwung. Es war sein ganz persönliches Wirtschaftswunder: Er verlangte dreihundert Dollar für eine Strecke, die der von München nach Ulm entspricht. Dreihundert Dollar – davon kann in Afghanistan eine neunköpfige Familie ein, zwei Jahre leben. Shirin Agha hatte alle Zeit der Welt, und wenn ihn die Preisverhandlungen allzu sehr langweilten, verschwand er einfach für eine Weile zwischen den klapprigen Holzbuden des Basars. Er bekam die Zusage für die dreihundert Dollar.

So hatte von Anfang an alles gegen die Fahrt gesprochen. Andererseits war Shirin Aghas Jeep die einzige Möglichkeit, wegzukommen. Die Alternative wäre einer der Lastesel gewesen, die mit Säcken bepackt durch Rustaq zockelten, angetrieben von gleichmütig blickenden Männern unter wuchtigen Turbanen und kleinen Jungen mit bunten Kappen. Zweihundert Kilometer auf einem Esel – dagegen war Shirin Aghas Taxi Luxus.

Die Straße nach Feizabad mochte noch schlechter sein als die anderen in Afghanistan, in einer Hinsicht unterschied sie sich nicht: Kolonnen ausgebrannter Panzer standen am Straßenrand, zusammengeschossen, an den Seiten aufgeplatzt wie Popcorn in der Pfanne. Die tonnenschweren Geschütztürme, von der Wucht der Explosionen abgerissen und davongeschleudert, lagen meterweit entfernt, ihre zentimeterdicken Stahlwände aufgerissen wie Konservenbüchsen von einem gigantischen Dosenöffner.

Der übers ganze Land verteilte Schrott ist längst zu einem Teil der Landschaft geworden und dokumentiert zugleich die sinnlose Geschichte eines sinnlosen Krieges. An einigen Wracks sind kyrillische Schriftzeichen zu erkennen, sie stammen aus der Zeit der sowjetischen Besatzer, die 1979 ins Land kamen und es zehn Jahre später geschlagen verließen. Andere tragen afghanische Hoheitszeichen. Sie wurden im Krieg der Mudschaheddin gegen den von den Sowjets zurückgelassenen Stellvertreter Nadschibullah zerstört. Dem Fall seines Regimes folgte der Dauerkonflikt zwischen den siegreichen Gotteskriegern. Sie pinselten ihre eigenen Erkennungszeichen auf die von der Armee eroberten Fahrzeuge und bekriegten sich gegenseitig. Auch die vorerst letzte afghanische Plage, die Taliban, hat sich verewigt. Von ihnen stammen ausgebrannte Nissan-Pickup-Trucks und Toyota-Jeeps, mit denen sie wie die apokalyptischen Reiter den Krieg in nur zwei Jahren vom Süden her noch einmal quer durch das ganze Land getragen und ihre Gegner im Norden zusammengedrängt haben.

Obwohl Krieg herrscht, läßt sich das Land mit etwas Glück noch immer von allen Seiten her durchqueren. Von Pakistan aus kommend geht es in Serpentinen den Khyberpaß hinauf. Vorbei an den Burgen der Opiumbarone mit den Schießscharten und den Wachtürmen, vorbei an den langen Karawanen von Kamelen, auf deren Höckern die Kontrebande den Paß hinunter schaukelt: Videorekorder, Edelhölzer, Autoteile – der Nachschub für die pakistanischen Schmugglerbasare. Am Ende des Passes liegt Torkham, die pakistanisch-afghanische Grenzstation.

Das große Stahltor ist die Schleuse in eine anarchische, rechtlose Welt. Afghanistan ist schon seit vielen Jahren kein Staat mehr – es ist das an seinen Rändern von Landesgrenzen umzäunte Chaos. In Afghanistan gibt es, was die männliche Bevölkerung angeht, eigentlich nur zwei Arten von Menschen. Solche, die mit Waffen umgehen können, und solche, die zu deren Opfern werden. Erstere nutzen so ziemlich alles, was schießt: Vom museumsreifen T 34-Panzer bis hin zur modernen Stalinorgel mit vierzig Raketenrohren. Letztere sitzen an den Straßen als Krüppel, die die Hand aufhalten und auf ein paar wertlose Afghani-Scheine warten, die vorbeirollende Autofahrer beim Passieren aus dem Fenster werfen.

Eine große Ringstraße führt einmal rundherum um dieses Durcheinander aus Leid, Terror und Zerstörung. Dazwischen gibt es nur ein paar Tangenten, die alle mehr oder weniger auf die fast in der Mitte liegende Hauptstadt Kabul ausgerichtet sind. Sie befinden sich, wie die Ringstraße, in einem gottserbärmlichen Zustand. Über dieses Wegenetz läuft trotz des Krieges ein beträchtlicher Handel; Legionen altersschwacher Lastwagen bringen unverzollte Güter aus den Golfstaaten und Iran nach Pakistan. Dazwischen ziehen allradgetriebene Pick-ups Staubfahnen hinter sich her. Hinter getönten Scheiben sitzen Warlords, auf den Ladeflächen kauern Bewaffnete, Kalaschnikows im Arm, Panzerfaust auf dem Schoß.

So ungefähr standen die Dinge, als Shirin Aghas Geländewagen irgendwo zwischen Rustaq und Feizabad schlappmachte. So skrupellos er in der Kalkulation des Fahrpreises gewesen war, so bewußt war ihm, daß er nun für Wohlergehen und Sicherheit seines Fahrgastes verantwortlich war. Gastfreundschaft ist in Afghanistan ein hohes Gut, vielleicht das höchste. Gegen sie zu verstoßen, befleckt die Ehre des Gastgebers. Um die Gastfreundschaft zu wahren, würde ein Afghane alles riskieren.

Also lud Shirin Agha sich das Gepäck auf und stapfte in die Dunkelheit voraus. Irgendwann zeigten sich die Umrisse eines Gebäudes. Shirin Agha hämmerte gegen die Tür, redete auf den schlaftrunkenen Inhaber ein. Es war nicht einfach, den Mann zu überzeugen. Shirin Agha verschwand für geraume Zeit. Er kam mit zwei frisch geschlachteten Hühnern zurück, die er in den Armen barg wie eine wertvolle Beute. Er begann zu kochen.

An Schlaf war nicht zu denken, denn die afghanische Gastfreundschaft verlangt nicht nur, daß der Fremde nachts ein Dach über dem Kopf hat, sondern auch, daß er mit vollem Magen zu Bett geht. Shirin Agha war ein schlechter Koch, aber er erwies sich plötzlich als redselig. Seine Erzählungen wurden nur unterbrochen, wenn er einen neuen Schlegel mit höflichen Gesten auf den Teller legte. Wie alle Afghanen hatte er unter dem Krieg gelitten. Seine Frau und mehrere seiner Kinder waren bei einem Bombardement umgekommen. Er erzählte von den Greueltaten, die er gesehen hatte, von den Gefangenen mit den herausgerissenen Augen und den abgeschnittenen Ohren. Er traf feinsinnige Unterscheidungen, weshalb die Seite, auf der er gekämpft hatte, derartige Untaten niemals begehen würde, während auf der Seite der Taliban nur »Hunde, bezahlt mit amerikanischen Dollars«, kämpften. Shirin Aghas Resümee des Ganzen war, daß sich sein Land »in der Steinzeit befindet, während sich der Rest der Welt ins Computerzeitalter davonstichlt«.

Und er machte keinen Hehl daraus, daß ihm all dies zutiefst ungerecht erschien und er um sein Überleben kämpfte. Der alte Jeep war sein einziges Kapital. Auf die Frage, woher er ihn habe, sagte er nur, er habe ihn »gefunden«. Auf alle Fälle sicherte der Wagen sein Überleben. Am Ende gab Shirin Agha zu, daß die Strecke von Rustaq nach Feizabad berüchtigt und nur in zwei Tagen zu schaffen sei: »Wenn ich es Ihnen gesagt hätte, wären Sie nicht gefahren.«

Am frühen Morgen stand der Jeep schon vor der Tür. Die Reparatur der Benzinpumpe war Shirin Aghas ausgefeilteste Ingenieurleistung: Er hatte einen kleinen Plastikkanister aufgetrieben, ihn am oberen Rand der Windschutzscheibe aufgehängt, dann die komplette Benzinleitung abgeschraubt und solange an dem Metallrohr herumgebogen, bis er es auf der einen Seite in den Kanister stecken und auf der anderen mit dem Motor verbinden konnte. Was aussah wie ein Destillationsapparat, führte den Sprit dank des Gefälles direkt in den Vergaser und brachte den Wagen zum Laufen. Shirin Aghas Gehilfe Ezzam kniete auf dem Beifahrersitz und hielt die hin und her schaukelnde Plastikkanne am Platz, während der Motor vor sich hinstotterte und Benzinspritzer die Scheibe mit öligen Schlieren überzogen. Links und rechts blühten lila und weiß die Opiumfelder. Die dicken grünen Kapseln waren prall gefüllt und reif für die Ernte. Männer schritten durch die Plantagen und ritzten die Kapseln an, um das Rauschgift heraustropfen zu lassen.

Am frühen Nachmittag zeigte sich zwischen den Mohnfeldern endlich der Feldflughafen von Feizabad. Am Tor standen die modernen Geländewagen der Nothelfer, im Inneren blitzten die Schalter der Klimaanlagen. Die letzten Meter der Reise, unter den Augen der Helfer, waren beschämend. Shirin Agha bremste sein Gefährt, ein letzter Schwall Sprit schwappte über die Windschutzscheibe. Er nahm die dreihundert Dollar, zählte sie durch und schob sie zufrieden in seine Weste. Dann warf er seinen Jeep wieder an und fuhr davon. Er hatte sich sein Geld verdient.

11.07.1998

Allahs kleiner Kanonier

Seine Barbarei gegen die Buddhastatuen stützt er auf den Koran, doch er ist nur Werkzeug eiskalter Realpolitik Kabuls

»Ein Hinweisschild im Zentrum des Basars von Bamian leitet den Besucher zu den Buddhas. Es gibt einen Parkplatz vor der großen Buddhastatue. Blitzlicht und Fernglas werden empfohlen.«

NANCY HATCH-DUPREE,
»A historical guide to Afghanistan«, 1977

Einer wie Mullah Sattar-Haqqani bemüht keinen Reiseführer, einer wie er braucht keinen Parkplatz. Wozu denn auch? Als der Mullah das erste Mal zu den Buddhas wollte, fuhr er mit seinem bulligen Toyota-Jeep einfach direkt heran an die steile Felsklippe. Auf Fernglas oder Blitzlicht kann Sattar-Haqqani ebenso verzichten. Das, was seine Kanoniere übrig gelassen haben vom »Weltwunder von Bamian«, zeigt weder irgendwelche mit bloßem Auge schwer erkennbare Details noch lohnte es noch, dort zu fotografieren. Ein Haufen Schutt, ein paar Brocken Lehm, dazwischen einige Halme brüchiges Stroh: Mehr ist nicht geblieben von den 55 und 38 Meter hohen Buddhastatuen, von den zwei vor 1600 Jahren aus der Felswand gehauenen Steinkolossen. Zwei gähnend leere Nischen in der Sandsteinwand – das allein zeugt noch von »einer der größten kulturellen Leistungen der Menschheit«, wie die amerikanische Archäologin und Afghanistanexpertin Nancy Hatch-Dupree die Buddhas von Bamian in den siebziger Jahren nannte.

Damals war Afghanistan ein friedliches Land und das Bamiantal eine internationale Touristenattraktion. Fernglas, Fotoapparat und Blitzlicht gehörten zur Grundausstattung derer, die aus den USA und Europa in das fruchtbare Tal reisten, mitten im Hindukusch und auf 2500 Meter Höhe unter den Viertausendern mit ihren weißen Gipfelkappen gelegen. Nancy Hatch-Dupree erklärte den Reisenden in ihren Büchern, was es zu sehen gab in diesem unbekannten Land im Herzen Asiens. Höhepunkt jeder Afghanistanreise war der Besuch bei den Giganten von Bamian – die steinernen Riesen waren schon vom Flugzeug aus zu sehen.

Aber all das ist lange her. Und – wer überhaupt ist Nancy Hatch-Dupree? Mullah Sattar-Haqqani jedenfalls würde nie auf die Idee kommen, ein englisches Buch zu lesen. Schon gar nicht eines, das eine Frau geschrieben hat. Und sei sie eine noch so bekannte Wissenschaftlerin. Ein Buch, das Bilder lebender Wesen zeigt! *Mashallah* – Gott bewahre! Wenn es um die Zerstörung der Bamianbuddhas geht, muß Mullah Sattar-Haqqani keine Bücher lesen. Ihm reicht, was er weiß: »Der Koran untersagt es den Menschen, lebende Wesen darzustellen. Gottlos ist es, solche Figuren anzubeten. Das alles verbietet der Islam.« Zweifel am Worte Gottes sind des Mullahs Sache nicht: »Erst haben wir mit Mörsern und einem

Panzer auf die Figuren geschossen. Das hat aber nicht gereicht. Daher haben wir Dynamit unter die Buddhas gelegt und sie gesprengt.«

Die gottesfürchtige Barbarei des Mullahs Sattar-Haqqani und seiner Talibanregierung hat die Welt erzürnt, hat Millionen von Buddhisten erschüttert, hat das Fundamentalistenregime in Kabul international noch weiter isoliert. Nancy Hatch-Dupree, die inzwischen weit über siebzigjährige Archäologin, sitzt nun weißhaarig und winzig in ihrem Büro im benachbarten Pakistan und sagt: »Ich bin sehr traurig. Die Statuen waren ein Werk des Friedens. Ein Beweis dafür, zu welchen kulturellen Leistungen der Mensch fähig ist.« Und sie fügt hinzu: »Ein zerschossenes Haus oder eine Brücke – die kann man wieder aufbauen. Aber die Buddhas – die setzt uns keiner mehr zusammen.«

Das, in Allahs Namen, sollte auch keiner wagen. Den Bamiankommandanten Sattar-Haqqani, der so selbstzufrieden und in seinem Glauben ruhend unter den leeren Buddha-Nischen in der Felswand steht, beschäftigt zwei Monate nach dem Bildersturm nur noch eine einzige Frage: wie er verhindert, daß ihm einer die kläglichen Trümmer der Götzen stiehlt. Die Schutthaufen in den Nischen sind verdächtig klein. Angeblich werden schon seit Wochen Bruchstücke des Weltkulturerbes von Bamian in Pakistan an internationale Sammler verkauft – für zehntausende von Dollar und sogar von den Taliban selbst. Der Mullah hat jetzt Wachen nahe der leeren Felsnischen der Buddhas aufgestellt. Der größte Teil der Einheimischen ist wegen der Kämpfe um Bamian ohnehin geflohen oder von den Taliban vertrieben worden – die Lehmhäuser der Bauern sind zerschossen, werden nun von Talibansoldaten bewohnt. Der Hintergedanke der Frage nach dem Verschwinden der Trümmer kränkt den Mullah also tief: »Ich gehöre nicht zu diesen gewissenlosen, geldgierigen Leuten.«

Suchte Hollywood einen Darsteller für einen Krieger aus dem Hindukusch, der Mullah wäre vom Fleck weg engagiert. Rabenschwarze Locken quellen unter dem weißen Turban hervor, kringeln sich im Nacken, fallen schwer auf die Schultern. Die Augen, herrisch, dunkel, glühend wie Kohle. Die Nase, kantig und scharf, als ob man einen Dolch daran wetzen könnte. Die Stimme sanft und warm, aber unbeirrbar bestimmt. Warum der 27jährige Mullah das rechte Bein nachzieht beim Gehen? Eine Mine, 1996, beim Kampf um Kabul. Viel mehr fällt dem Mullah zu seinem Stumpf nicht ein: »Ich denke nicht an mein Bein. Ich bin hundertmal bereit, mich zu opfern für den Islam.« *Allahu Akbar* – Gott ist groß, Mohammed sein Prophet und Talibankommandant Sattar-Haqqani ihr lahmender Kanonier. Will einer diesem Mann wirklich sagen, daß das Bamiantal über Jahrtausende Bühne der Weltgeschichte ist? Nancy Hatch-Dupree in ihrem kleinen, mit Büchern vollgestopften Büro im pakistanischen Peschawar könnte dem Mullah natürlich einiges erzählen: Der Name Dupree ist schließlich bis heute so etwas wie das Markenzeichen für das internationale Interesse und den Respekt vor Afghanistans jahrtausendealter Kultur. Praktisch ihr ganzes Berufsleben lang hat sich die Amerikanerin mit dem zentralasiatischen Land beschäftigt; ihr Mann Louis Dupree war ebenfalls weltweit geachtet als Experte. Die über siebzigjährige Wissenschaftlerin weiß also, daß der Legende nach Adam und Eva im Bamiantal gelebt, daß sich die Überlebenden der Sintflut hier versammelt haben sollen. Daß das Heer Alexander des Großen sich durch das Tal unter den Schneegipfeln des Hindukuschgebirges gewälzt hat, mit klirrenden Schildern und Schwertern, Staubwolken vor sich hertreibend auf dem Marsch nach Indien.

Gut sieben Jahrhunderte später schufen buddhistische Mönche die Kolossalstatuen von Bamian. Die Indusregion im heutigen Afghanistan und Pakistan war ein Zentrum des nachchristlichen Buddhismus. Die Mönche meißelten nicht nur die Figuren aus der Klippe. Sie trieben auch hunderte von Höhlen in die Felswand, malten sie mit Fresken aus, stiegen Jahrhunderte lang in ihren gelben und roten Gewändern und Litaneien murmelnd die steilen Wendeltreppen hinauf und hinunter. Gut fünfzig Meter hoch ist die Klippe von Bamian – die ausgehöhlte Felswand war ein einziges Kloster. Pilger aus China und Indien kamen, um Buddha zu ehren und seine riesenhaften Abbilder zu bewundern. Später tauchten Dschinghis Khan und seine brandschatzende Horde auf: Weil sein Enkel im Kampf um das Bamiantal gefallen war, ließ der Mongolenführer Stadt und Burg dem Erdboden gleichmachen und alle Einwohner erschlagen. Der grausame Khan ertränkte das Bamiantal in Blut – die Buddhas aber tastete er nicht an.

Eine Menge Historie also für ein kleines Tal im Hindukusch. Mullah Sattar-Haqqani indes hat nicht die Geschichte seines Landes studiert, sondern den Koran. Er hat zehn Jahre lang mit gekreuzten Beinen auf dem Boden gesessen in einer Madrassa, einer islamischen Religionsschule. Dort hat er die 114 Suren des Korans auswendig gelernt und die Aussprüche des Propheten Mohammed memoriert, mit reinem Herzen und zum Wohle des alleinigen Gottes. Das Problem mit dem Koranstudium des Mullahs ist nur, daß ihn Leute unterrichtet haben, die das heilige Buch des Islam offenbar selbst nicht richtig verstehen oder es nach politischem Gusto auslegen. Der rigorose Fundamentalismus der Taliban erregt unter den meisten Muslimen nur Kopfschütteln: Islamische Gelehrte von Kairo bis Delhi nennen ihn primitiv, erschauern angesichts des frevelhaften Bildersturms von Bamian. Unbestritten verdammt der Koran heidnische Götzenbilder. Doch zugleich warnt er die Muslime, sich die Anhänger anderer Religionen durch brutales Vorgehen zum Feind zu machen.

Nun ist Mullah Sattar-Haqqani keiner, der auf der Stelle belegen könnte, wo und was er denn nun genau im Koran gelesen habe, daß jedes Menschenbild und jede Tierfigur gleich Sünde seien und zwingend vernichtet werden müßten. Aber wozu belegen, wenn er es eben weiß? Nancy Hatch-Dupree hingegen ist eine, die ihre Aussagen stets belegt. Weshalb sie sich über ihren Schreibtisch beugt und eine Zeitschrift aus einem der Papierstapel zieht. Für die Amerikanerin ist Seite 17 des *Spach Newsletter* der Beweis, daß auch der oberste Talibanführer Mullah Omar genau weiß, daß das Zerschlagen der Buddhas nicht zwingend war. Auf Seite 17 ist ein Dekret des obersten Taliban abgedruckt. Es stammt vom Juli 1999 – »betreffend die Bewahrung des kulturellen Erbes Afghanistans.« Und in diesem Erlaß des »Führers der Gläubigen« steht wortwörtlich, daß die Buddhas von Bamian »Weltkulturerbe« seien. Daß sie aus vorislamischer Zeit stammten und es in Afghanistan schon lange keine Buddhisten mehr gebe, die sie verehren könnten. Daß also, vom talibantheologischen Standpunkt her betrachtet, überhaupt nichts zu sagen sei gegen die beiden Steingötzen. Und daß man mit ihrer Hilfe später wieder Touristen anlocken und sehr viel Geld verdienen könne für die Staatskasse. Weshalb Mullah Omar 1999 ausdrücklich angeordnet hatte, »daß die Bamianstatuen nicht zerstört werden sollen, sondern geschützt werden müssen.«

Warum aber hat der Talibanchef dann im Februar 2001 seine Meinung geändert, warum hat er einen neuen Erlaß herausgegeben? Hatte er eine nächtliche Eingebung, war es das Ergebnis langer, ernster Debatten im Kreis der Talibanreligionsexperten, dem Wohlfahrtsausschuß der Talibanrevolution? Weder noch. Die meisten Beobachter in Pakistan und Afghanistan sind sich längst einig: Die Zerstörung der Buddhas war kein Ausdruck des Glaubens und der frommen Pflicht zum Bildersturm. Es war Politik, mehr nicht. Die Zerstörung der Buddhas war die Reaktion der Taliban auf die Sanktionen, die die Vereinten Nationen Ende 2000 gegen Kabul verhängt hatten. Die Kulturschändung als Signal der Falken in der Kabuler Führung: Auch wenn ihr uns international isoliert – bemerkbar machen können wir uns immer und das schmerzhaft. Zugleich war es ein Wink der frommen Eiferer an das vom Talibanismus nicht immer ganz so überzeugte afghanische Volk: Man werde sich nicht vom Pfad der Tugend abbringen lassen. Auch nicht durch massiven Druck von außen.

Eiskalte Realpolitik also, wenn auch nach Talibanart. Nancy Hatch-Dupree, die eigentlich auch für die schwierigeren Spielarten des Islams Verständnis zeigt, sagt: »Für mich hat Mullah Omar jede Glaubwürdigkeit verloren.« Für den kleinen Kommandanten von Bamian hingegen und wohl auch für die meisten anderen Talibankämfer hat der oberste Taliban mit seinem kulturpolitischen Spurwechsel nur an Glaubwürdigkeit gewonnen. »Ich bin jederzeit bereit zu sterben für Mullah Omar«, sagt Mullah Sattar-Haqqani. Wichtiger als das eigene belanglose Leben ist dem Bilderstürmer, daß auch alle anderen heidnischen Denkmäler und »Idole« in Afghanistan zerschmettert und zerschlagen werden. Im Museum von Kabul etwa gab es rund dreißigtausend Exponate. Vieles davon waren Jahrtausende alte Statuen, Bilder, Reliefs. Darstellungen menschlicher Wesen also. Die wenigen Stücke, die den Straßenkampf in Kabul und die Plünderungen überstanden haben, sind von den Taliban noch vor den Bamianbuddhas zerstört wurden. Doch Sattar-Haqqani weiß von anderen Kunstwerken in anderen Städten und hofft, daß der lange Arm des »Führers der Gläubigen« bald auch diese Idole zerschmettert. Dann macht der Mullah sich auf den Weg zurück zum Jeep, langsam mit seiner Prothese den Hang hinunterstakend: ein unbeirrbarer Kulturschänder, den rechten Glauben im Herzen und die leeren Buddha-Nischen im Rücken.

25.05.2001

Sehnsucht nach einem Hauch von Knöchel

In Afghanistan sieht man von den Frauen kaum mehr als Zehenspitzen, was das Flirten nicht gerade vereinfacht

Warum reist einer? Wegen der Kunst und der Kulturgüter? Wegen kulinarischer Spezialitäten? Wegen der Liebe zu fremden Völkern und Sprachen? Nichts davon stimmt. Motiv ist in der Regel die Erforschung der Formen menschlicher Zweierbeziehungen, insbesondere ihrer Embryonalform, des Flirts.

Wer reist, will sehen, wie sich Mann und Frau andernorts begegnen. Rio? Klar. New York? Zumindest in dieser Hinsicht nicht viel exotischer als Pforzheim. Tokio? Fragezeichen, gewöhnungsbedürftig, kultureller Grabenbruch. Kabul? Leertaste, Schweigen, Entsetzen.

Wo nichts zu sehen ist, läßt es sich schlecht schauen. Und somit schlecht verstehen. Wie soll sich zum Beispiel einer ernsthaft in ein Paar Füße vernarren, in die zehn Zehen, die Fersen, den Spann? Offenbar geht das.

Notgedrungen jedenfalls, wenn man in Kabul lebt. Von Afghanistans Frauen ist nicht viel mehr zu sehen als ihre Füße und, wenn sie über die Straßen eilen, manchmal ein Hauch von Knöchel. Der Kopf, das Gesicht der Körper, die Arme: All das verschwindet unter der *Burka*, dem Ganzkörperumhang. Zwar war der Schleier im konservativen Afghanistan immer Pflicht. Doch Kabuls Frauen waren freier als die in der Provinz, manche liefen sogar in Röcken durch die Stadt. Bis die Taliban ihnen allen die *Burka*, den fast bodenlangen Schleier, umgehängt haben, so wie man einem Gefangenen die Eisenkugel ans Bein schmiedet. Trotz des Sittenterrors der Taliban haben sich die Frauen in Kabul aber etwas von ihrer Freiheit erhalten: Kabuls Frauen flirten nun mit den Füßen.

Sicher, eine vom Krieg zerstörte Stadt ist kein Einkaufsparadies. Doch die Schaufenster der wenigen »Damenmodegeschäfte« Kabuls sind voll: schwarze Schuhe, weiße Schuhe, blaue, graue, mit viel Absatz oder mit wenig, Lackschuhe, spitze oder stumpfe, mit Band oder Schnalle, als Pumps oder als Sandaletten. Und all das schaut unter der *Burka* hervor. Manchmal klappern sogar ein Paar feuerrote Schuhe über den Asphalt: Das sind Momente höchster Spannung.

In Arabien, wo viele Frauen ebenfalls im Dunkel des Schleiers leben, sagen die Männer, sie könnten an den Füßen und am Gang alles, aber auch alles erkennen: Ist die Frau jung, ist sie alt, ist sie schön, ist sie glücklich, ist sie einsam, gar auf der Suche nach einem Geliebten. Anzunehmen, daß auch die Kabulis längst über diese seherischen Fähigkeiten verfügen. In der Zeit vor den Taliban waren Afghanistans Dichter und Sänger bekannt für ihre sentimentalen Lieder, in denen sie die schwarz-glühenden Augen und bebenden Lippen ihrer Frauen beschrieben. Wahrscheinlich ist, daß all diese Dichter und Sänger heute noch schreiben. Heimlich natürlich – unfromme Poesie ist im Talibanland ebenso strikt verboten wie das Lästern Gottes durch Musik. Klar aber ist, was wohl die Dichter und Sänger beschreiben: das Klappern der Absätze auf dem Kabuler Pflaster, die zarten Linien feingliedriger Zehen zwischen den Riemen feuerroter Sandalen und das flüchtige Aufblitzen eines Kettchens an einem Fußgelenk.

Was die Männer in Afghanistan angeht: Sie brauchen sich nicht zu verschleiern. Schließlich war der Prophet Mohammed ein Mann. Er hat an seinesgleichen gedacht. Den Frauen, die ohnehin schlecht bedient sind in diesem Land, gereicht dies nicht zum Vorteil. Die scharfgeschnittenen, fürstlichen Gesichter der Kabulis verschwinden allesamt hinter langen Bärten wie hinter einem muffig-staubigen Vorhang. Weil der Prophet einen Vollbart trug, ist selbiger für Muslime Pflicht im »Islamischen Emirat Afghanistan«. Stutzen und Trimmen des Bartes – angeblich hat der Prophet in seinen späten Jahren nie Hand an ihn gelegt – wird mit Gefängnis und Hieben bestraft. Nur der Schnauz darf abrasiert werden. Und zwar ausschließlich ganz, als Zeichen besonderer Frömmigkeit. Daraus folgt, daß Afghanistans Frauen von den Gesichtern der Männer im Wesentlichen nur Augen, Haare und allenfalls eine blankgeputzte Oberlippenfalte sehen, wenn sie durch das düstere Blicknetz ihres Umhangs schauen.

Nur von einem sehen sie mehr: Der Glückliche ist einer der beiden letzten Juden von Kabul. Der ist – eben weil er Jude ist – als einziger Einwohner der Stadt von der Bartpflicht befreit. Obwohl die

Taliban ihm seine Synagoge geschlossen haben, ist er geblieben. Warum, weiß keiner, wahrscheinlich nicht mal er selbst, aber wegen der Frauen wird es kaum gewesen sein. Auf alle Fälle dürfte der einsame Jude neben den Mitarbeitern der internationalen Hilfsorganisationen der einzige Mann mit glatt geschabten Wangen in ganz Afghanistan sein. (Von den nicht bartpflichtigen Christen gibt es angeblich keine mehr im Land, und die in Kabul noch ansässigen Sikhs tragen von Haus aus mächtige Zwirbelbärte.)

Während die Mehrheit der Kabuler den Bart also notgedrungen wachsen läßt, trägt der klassische Taliban sein Gesichtsfell mit Stolz. Dafür rasiert er sich den Schädel unter dem Turban glatt wie eine Marmorkugel. Manche Koranschüler lassen das Haupthaar auch wild auf die Schultern herabhängen. Sie sehen aus wie ihre Vorfahren auf den englischen Stichen aus dem 19. Jahrhundert: Dort hocken die Afghanen immer mit langen Flinten, Säbeln und Messern bewaffnet im Hinterhalt zwischen den Hindukuschfelsen, um über ahnungslos einhertrabende britische Militärkolonnen herzufallen.

Gekrönt wird der Bart samt den darüber liegenden Augen bei allen Männern Kabuls von einem Turban oder zumindest einer Kappe. Turban ist für Männer Pflicht – neuerdings sogar für Schuljungen von der vierten Klasse an. Wer ohne das um den Kopf geschlungene Tuch erscheint, darf am Unterricht nicht teilnehmen und wird nach Hause geschickt.

Daß manche Männer deutlich zu kurze Hosen tragen, sollte nicht als Anreiz für eine Begegnung zwischen Mann und Frau mißverstanden werden. Wessen Beinkleider weit über den Knöcheln enden, der ist besonders fromm und zeigt öffentlich seine Demut und sein Desinteresse an allem Weltlichem und an Frauen sowieso. *Schalwar Kamiz*, die pyjamaartige Nationaltracht der Afghanen, ist ohnehin für alle vorgeschrieben: Weite Hosen und ein bis über die Knie reichendes Hemd. Die Krawatte ist nicht im Sinne des Islam und steht auf dem Index.

Was die weitere Kleiderordnung als Rahmenhandlung der Begegnung von Mann und Frau angeht, so stecken nur die Kellner im Kabul Intercontinental und die Verkehrspolizisten in halbwegs figurbezogenen westlichen Jacken und Hosen. Der Besuch in dem skurrilen Luxushotel in der Mitte der Stadt führt aber auch nicht weiter. Afghanische Frauen haben keinen Zutritt. Als sich jüngst eine allein reisende Japanerin dort einquartierte, wurden angeblich bis auf das Personal und die ausländischen Gäste alle anderen Männer ausgesperrt. So wandeln im Interconti nur die Kellner in ihrer jahrzehntealten braunen Livree mit den breiten roten Generalsstreifen an der Hose durch die Halle: Schwermütige Clowns, denen der Circus zugesperrt wurde, die aber jeden Morgen im Kostümfundus wühlen.

Die Polizisten wiederum tragen besonders dichte, lange Bärte unter ihren gewaltigen weißen Tellermützen – irgendwo dazwischen steckt ihr Gesicht. Diese uniformierten Trolle werden offenbar nach der Stärke des Bartwuchses auswählt. Sie gehen ihrer Arbeit auf der Mitte der Kreuzung und mit großer Gelassenheit nach, lassen gottergeben den Verkehr an sich vorbeiziehen und grüßen Verkehrssünder freundlich mit ihrer rostigen Kelle. An den Frauen indes schauen sie zwangsweise vorbei.

Auch Kabuls Restaurants sind kein Geheimtip: Sie bedienen nur Männer, servieren nur Hammel und spielen nur *Radio Schariat*. Werden die endlosen Koranrezitationen und religiösen Lehrstunden im Radio einmal unterbrochen, dann fangen wenigstens die Vögel an zu singen, die in Käfigen in den Ecken sitzen. Rein hypothetisch und für den hundertprozentig ausgeschlossenen Fall des Erscheinens einer Frau: Jedem diskreten Flirtversuch stünden die finster blickenden Internationalisten entgegen, die an ihren Kebabs kauen. Auch wenn die Regierung bestreitet, daß Tausende Ausländer für die Taliban im afghanischen Bürgerkrieg schießen: Es gehört nicht viel Phantasie dazu, sich vorzustellen, daß nicht allein die Qualität des Kabuler Kebabs all diese Bärtigen hierher geführt hat. Den Gesichtern nach sind sie in Tschetschenien oder anderen unruhigen Muslimregionen zu Hause.

Und wenn sie einmal nicht mehr zum Ruhme Allahs und seines Propheten kämpfen? Dann werden sie gemeinsam mit ihren afghanischen Freunden überlegen, wie sie den freisinnigen Füßen der Frauen von Kabul beikommen können – auf gottesfürchtige Weise natürlich.

23.06.2001

Im Land des Schweigens

Wo der Sänger verstummt und der Historiker nur noch für sich schreibt – der Gottesstaat der Taliban unterwirft die Bürger der totalen Überwachung

Die Visitenkarte sagt: Detlef Meyer-Oehme, Studiendirektor im Ruhestand; Leiter des Fördervereins der deutschen Schule in Kabul. Morgens früh um acht steht er da, die Aktentasche in der Hand, die Unterlagen in Klarsichthüllen. In der Turnhalle brüllen 2066 Kehlen: »Allahu Akbar« – Gott ist groß. Vier Stunden Koranstudium und Islamunterricht pro Woche statt ausreichend Mathe, Bio und Physik – schwer zu ertragen für einen deutschen Pädagogen. Zumal die Amani-Oberrealschule zu Meyer-Oehmes Zeiten so etwas war wie eine Kaderschmiede der Zivilisation. Da schrie keiner »Gott ist groß«. Früher, vor dem Krieg und vor den Taliban, schickte die afghanische Elite ihre Kinder in Kabuls deutsche Schule, hier wurde Deutsch gelernt und Physik gebüffelt. Meyer-Oehme war damals stellvertretender Direktor der Schule.

Als 1979 der Krieg begann, die Sowjets kamen und die deutsche Schulleitung ging, begann der Niedergang Afghanistans und damit auch der deutschen Schule. Die Sowjets nahmen sich zehn Jahre Zeit, das Land zu verwüsten, bevor sie wieder abzogen. Danach führten Afghanen Regie bei der Zerstörung. Die deutsche Schule blieb nicht verschont. Zeitweise war sie eine Kaserne; Soldaten verheizten im Winter Bänke und Bücher. Später schlugen Raketen ein, zerschmetterten Schulhof und Klassenzimmer. Alles Anfang der Siebziger nach deutschen Bauplänen gebaut, alles mit deutschem Geld bezahlt: »Jede Stadt in Deutschland wäre damals stolz gewesen auf so eine Schule«, sagt Meyer-Oehme.

Aber all das ist lange her. Auch in der Amani-Oberrealschule läuft die Uhr jetzt in jenem gottgefälligen Takt, den die islamischen Fundamentalisten vorgeben. Immerhin: Seit ein paar Wochen gibt es wieder Unterricht in der deutschen Schule. Unter Talibanregie zwar, aber doch anders als in den Koranschulen, welche die bevorzugten Volksbildungsanstalten der Taliban sind.

Es wird auch Deutsch gelehrt und alles andere, was in einem halbwegs vernünftigen Lehrplan steht. Meyer-Oehme und sein Förderverein organisieren in Deutschland Geld, besorgen Lehrbücher, geben Anregungen, helfen bei der Renovierung. »In diesem Raum hier gibt es viele Menschen, und es gibt Türen, Fenster und eine Tafel«, deklamiert einer der Schüler aus der Deutschklasse und setzt sich wieder; zwei Stunden Deutsch die Woche ist Pflicht. »Das ist natürlich zu wenig«, sagt Meyer-Oehme. »Aber es ist besser als nichts.«

Der Talibandirektor hinter seinem Schreibtisch mit dem Plastikblumengesteck sagt: »Die Kinder sollen doch etwas lernen. Da ist jede Hilfe willkommen. Aus Deutschland sowieso.« Die Priorität, so der Direktor, liege »natürlich« auf der religiösen Bildung: »Die Schüler sind an islamischer

Erziehung sehr interessiert.« Für Mädchen ist kein Platz. Aus den bekannten Gründen.

Kabul, Hauptstadt der Taliban. Frauen in hellblauen *Burkas* laufen durch die Straßen, verschleierte Menschen, ohne Gesichter. Die Bärte der Männer sind lang und ungestutzt, als ob Rasierklingen und Scheren Mangelware wären. Nirgends sind Fotos oder Bilder von Menschen zu sehen; im Buchladen werden Postkarten mit Blumenmotiven über den Schutzumschlag des alten Afghanistanlexikons geklebt – auf ihm ist ein Foto des letzten afghanischen Königs zu erkennen. Alles von oben angeordnet, alles islamisch, alles gottgewollt. Aber dafür lungern keine Männer mit Gewehren mehr herum, stehen keine Panzer mehr in den Straßen. Es zeigen sich keine Kampfflugzeuge mehr über der Stadt, die irgendwo und irgendwann über irgendeinem Haus eine Bombe ausklinken. Die Geschäfte und Märkte sind nicht mehr ganz so gähnend leer wie früher: Im Taliban-Kabul gibt es etwas zu kaufen – für den, der Geld hat. Was wenige haben.

Sein wirkliches Wesen zeigt Kabul erst am späteren Abend. Dann verändert die Stadt sich schlagartig. Immer um dieselbe Zeit eilen die Menschen auseinander, lassen ihre Geschäfte und Stände alleine, senkt sich plötzlich Stille über Straßen und Märkte. Die Nacht legt sich über die Häuser wie ein schwarzblaues Tuch, das aufgespannt ist zwischen kahlen Bergen. Ab und an huscht ein Schatten an den Häusern entlang, sucht sich ein Taxi seinen Weg zwischen den Schlaglöchern. Eine betäubende Ruhe breitet sich aus. Nachts ab zehn Uhr herrscht Ausgangssperre in Kabul. Offiziell. Aber eigentlich herrscht sie rund um die Uhr.

Nicht, daß die Stadt tagsüber tot wäre. Im Gegenteil: die Straßen sind voll, die Basare auch. Die Menschen leben, arbeiten, handeln miteinander. Trotzdem gibt es diese ungesunde Ruhe. Diese Gedämpftheit, dieses leblose Leben. Im Goldbasar sagt ein Verkäufer: »Was tun die Taliban schon? Nicht viel. Sie bauen Moscheen, renovieren ein paar islamische Denkmäler. Für die Armen tun sie nichts. Ich glaube, es verhungern Menschen in dieser Stadt, vor allem Frauen.« Der Verkäufer sagt es leise, was nicht verwundert. Die Frauen, die im Dreck des Rinnsteins vor seinem Laden betteln, klagen schließlich auch nur verhalten. Es ist Zeit für das Mittagsgebet, der Verkäufer schließt ab. Wenn er nicht rechtzeitig losgeht zur Moschee, zum Pflichtgebet fünfmal am Tag, prügelt ihn die islamische Sittenpolizei dorthin. Zum Abschied sagt der Mann: »Mein Name tut nichts zur Sache.« In Kabul tut der Name fast nie etwas zur Sache. Der erste und letzte Satz fast jeder Unterhaltung lautet: »Erwähnen Sie meinen Namen nicht. Bitte.«

Die Taliban wollten den Gottesstaat, aber geschaffen haben sie ein Überwachungsregime. Die Sittenpolizei ist allgegenwärtig, auch wenn sie sich mittlerweile zurückhält mit Prügeln auf offener Straße. Die Tugendwächter kontrollieren die Länge der Bärte. Sie halten Autos an und schauen, ob jemand eine Musikkassette im Rekorder stecken hat. Sie prügeln Frauen, die sich »unsittlich« zeigen, wie auch immer das mit der *Burka* gehen soll. Sie gehen in Häuser und nehmen jeden fest, der »unislamisch« denkt.

Der Name des Sängers tut daher nichts zur Sache. Seine Augen schon. Sie blicken unendlich traurig, und die feingliedrigen Hände entzünden eine Zigarette nach der anderen: als ob der Sänger seine Stimme wegbrennen wollte, jetzt, wo er sie nicht mehr braucht. Früher war er ein Star in Kabuls Musikhallen und Restaurants. »An Feiertagen war kein Platz zu kriegen«, sagt er, »immer alles ausgebucht.« Er machte Aufnahmen, ging auf Tournee quer durch das Land. Sogar im Ausland ist er aufgetreten, bis nach Moskau kam er. Heute singt der Sänger nicht mehr. Singen ist verboten in Kabul.

Als die Sowjets 1989 abzogen, konnte der Sänger weiter auftreten. Drei Jahre später war es vorbei. Da hatten die Mudschaheddin, die islamischen Gotteskrieger, auch das von den Sowjets zurückgelassene moskautreue Regime zusammengeschossen: »Wir durften dann zwar noch singen im Fernsehen. Aber sie zeigten unsere Gesichter nicht mehr.« Die Mudschaheddin erhoben Alleinanspruch auf den Islam. Weil das Abbilden von Menschen »unislamisch« sei, sendeten sie Landschaftsbilder zur Musik des Sängers. Später kamen die Taliban, die »Koranschüler«, und vertrieben die Mudschaheddin aus Kabul. Sie gaben sich noch frommer, waren noch radikaler. Sie verboten gleich das ganze Fernsehen und die Musik dazu – unislamisch sei all das.

Der Sänger leidet darunter, nicht mehr singen zu dürfen. Es mache ihn »krank, körperlich krank«, sagt er. Wo er doch wisse, wie sehr die Menschen seine Musik lieben. Daß sie seine Platten »bis heute spielen – in Pakistan, im Iran, sogar in den USA«. Dann sagt er: »Ich rauche zu viel. Das schadet meiner Stimme.«

Der Professor hat mehr als ein Dutzend afghanischer Könige, Präsidenten, Ministerpräsidenten, KP-Generalsekretäre, Warlords und oberster Religionsführer kommen und gehen gesehen. Er thront zwischen seinen Bücherwänden. Eine silbergraue Löwenmähne fällt in den Nacken, ein silbergrauer Bart bedeckt die Brust wie eine steif gebügelte Serviette. All die verschiedenen Regimes haben dem Land nicht viel Gutes gebracht. Im Gegenteil: Es wurde immer schlechter. Aber der Professor würde das nie sagen. Obwohl er sich doch mit Geschichte befaßt. Politik interessiere ihn nicht, sagt er, »macht anfangs süße Worte, und dann vergißt sie ihre Versprechen.« In Afghanistan redet niemand gerne über Politik. Außer den Taliban.

Der Professor hat immer weitergeschrieben, mehr als sechzig Bücher. Immer an derselben Stelle sitzend, auf einem einfachen Teppich, nur ein paar Kissen im Rücken. Auf dem Boden, auf dem Tisch, in den Regalen, überall liegen seine Manuskripte, Staub sammelt sich auf dem Papier. Der Professor war früher bekannt, ist es bis heute. Aber seine Bücher verlegt keiner mehr. Der Gottesstaat braucht keine historischen Bücher.

Der Professor ist über siebzig. Aber er schreibt weiter. Von Hand, mit einem altmodischen Füllfederhalter, in weich geschwungenen arabischen Schriftzeichen. Er war mehrfach im Ausland. Er hätte dort bleiben können, aber er ist zurückgekehrt nach Kabul. Immer wieder. »Ich bin Afghane. Ich lebe in Afghanistan und ich werde hier auch sterben.«

Die Helfer sitzen in ihren Lagern und Häusern, Jeeps stehen vor den Türen, Klimaanlagen surren in den Büros. Sie vertreten die Vereinten Nationen und das Internationale Rote Kreuz, die »Ärzte ohne Grenzen« und was es sonst gibt an Hilfeorganisationen in diesem hilflosen Land. »Es wird immer schwieriger, hier zu arbeiten«, sagen die Helfer. Ihre Analysen und Bilanzen hören sich alle gleich an: Ja, es herrsche jetzt Frieden in der Stadt und im größten Teil des Landes, nur im Norden werde noch gekämpft. Ja, die Taliban säßen fest im Sattel, es gebe keine handlungsfähige Opposition. Wer sich auflehne, lande in Pul-i-charki, dem berüchtigten Gefängnis am Stadtrand. Ja, die Menschen hungerten in Kabul. Ja, schlimmer als der Schleier sei die Tatsache, daß einer ganzen Generation von Frauen jede Bildung verweigert werde. Und: Die Talibanregierung sei kein einheitlicher Block. Durch die internationalen Sanktionen seien aber die Hardliner gestärkt worden.

Das Kabulmuseum kann von neun bis zwölf besichtigt werden. Jedenfalls, wenn der Direktor da ist. Was nicht oft vorkommt. Bilderstürmer und Kulturschänder sind sie, die Taliban. Aber das zerschossene Museum haben sie wieder geöffnet. In der Halle sind nur wenige Exponate zu sehen: das meiste nicht mehr als zwei-, dreihundert Jahre alt. Alles islamische Kunst, alles gottesfürchtiges Kulturschaffen. Daß das riesige Marmorbecken in der Halle ursprünglich in einem buddhistischen Tempel stand, tut nichts zur Sache. Irgendein Muslimherrscher hat ein paar Jahrhunderte später rundherum Koransuren einmeißeln lassen. Was dem Museumsdirektor reicht.

Dreißigtausend Exponate hatte das Museum früher, es war eine bedeutende Sammlung antiker und buddhistischer Kunst. Was im Bürgerkrieg nicht von den Mudschaheddin geplündert und verkauft wurde, haben die Taliban zerschlagen. Ja, sagt der Kurator, man habe wirklich alle Figuren und Darstellungen von Menschen oder Tieren in Stücke gehauen. »Warum? Fragen Sie die Regierung.«

Ein Nebenraum steht offen. Ein verbeulter Aktenschrank ist vom Umfallen bedroht, eine alte Schreibmaschine reckt ihre Typen in die Luft. Auf dem Boden ein paar rotbraune Scherben: Buddhaköpfe, Buddhaarme, Buddhabeine. An einem der abgeschlagenen Köpfe ist noch die Registraturnummer des Museums zu erkennen: 4123578. Zweitausend Jahre Kunstgeschichte – von den Taliban in die Ecke gekehrt.

Das Mausoleum des großen islamischen Gelehrten Dschamal ad-Din Afghani liegt auf dem Campus der Universität Kabul. Ein Sarkophag auf einem marmornen Podest, unter einem marmornen Baldachin, getragen von Marmorsäulen. Diese sind übersät mit häßlichen kleinen Kratern. Es sind Einschüsse. Das Grab Dschamal ad-Din Afghanis war während des Krieges Schützengraben, Folterkeller und Richtstätte in einem. Wer während der Straßenkämpfe um Kabul als Gefangener in den Kellern unter dem Mausoleum landete, fand nicht wieder nach oben. Die Front verlief damals quer durch Kabul, quer über den Campus.

Wenn die unter dem Mausoleum verschanzten Kämpfer nicht auf ihre Feinde schossen, quälten sie ihre Gefangenen. »Tanz der Toten« hieß das Ritual. »Als wir Jahre später anfingen, wieder zu studieren, haben wir die Ketten und Knochen der Gefangenen gefunden«, sagt ein Student. Nach dem jahrelangen Totentanz müssen die Taliban wie Friedensengel gewirkt haben, als sie auftauchten. Zu Anfang jedenfalls – als ihre Zeitrechnung begann.

16.07.2001

Pinselstriche am Bild des Geheimnisvollen

Ein Interview, ein Treffen, eine Drohung – wie der pakistanische Journalist Hamid Mir vom Erzfeind der USA einen ungewöhnlichen Auftrag erhielt

Das Schreiben von Büchern ist im allgemeinen keine lebensbedrohliche Tätigkeit, in besonderen Fällen aber vielleicht doch. Etwa, wenn einer ein Buch über den Mann schreibt, von dem US-Präsident George W. Bush sagt, er wolle ihn »tot oder lebendig«, und der unter dem exotisch klingenden Namen Osama bin Laden für einen Teil der Menschheit zum Synonym des Satanischen und Bösen auf dieser Welt schlechthin geworden ist. Hamid Mir, Redakteur der pakistanischen Zeitung *Ausaf* (»Merkmale«), hat den ebenso zynisch wie lebensgefährlich anmutenden Auftrag angenommen, die Biographie des international als »Terrorist Nummer eins« gesuchten Arabers zu schreiben. Auftraggeber des Buches mit dem Titel »Ich bin kein Terrorist«: Osama bin Laden. Gesprächspartner und Informant über den Gegenstand, respektive die Hauptfigur des Buches: Osama bin Laden. Lektor und Korrektor: Osama bin Laden. Finanzier des Autorenhonorars: Ebenfalls Osama bin Laden. »Osama hat mir zugesichert, daß die Arbeit an dem Buch kein Diktat werden würde, sondern daß ich kritische Fragen stellen könne und er mir antworten würde«, sagt Hamid Mir. »Daran hält er sich.«

Der etwa vierzig Jahre alte Reporter übernahm die heikle Aufgabe lange vor den gräßlichen Terroranschlägen von New York und Washington, nämlich im Mai 1998. Zu einer Zeit aber immerhin, als sein Auftraggeber bereits unter dem Verdacht stand, federführend in die Attentate auf zwei US-Botschaften in Afrika und auf mehrere amerikanische Garnisonen verwickelt zu sein. Obendrein soll bin Laden seine Hände auch beim Bombenanschlag auf das World-Trade-Center in New York im Jahr 1993 im Spiel gehabt haben. Autor Mir sagt, er habe all dies gewußt: »Aber ich glaube nicht einfach, was alle sagen. Ich stelle lieber eigene Recherchen an.«

Unabhängig von der möglicherweise allzu moralistisch ausgerichteten Frage, ob man überhaupt ein Buch autobiographischen Charakters über oder für einen Mann wie bin Laden schreiben sollte – die Sache ist nicht ungefährlich. Die US-Regierung hätte bin Laden schon früher lieber tot als lebendig gesehen und hatte ihm zum Beweis dessen im August 1998 mehr als ein Dutzend Marschflugkörper an seinen vermuteten Aufenthaltsort nach Afghanistan geschickt. Damals hatte der Araber angeblich wieder einmal die Fäden gezogen bei einer Serie von Attentaten, nämlich den Bombenanschlägen auf die US-Botschaften in Kenia und Tansania; 263 Menschen waren damals umgekommen, 5436 weitere verletzt worden.

Wer bin Laden kannte, war also doppelt gefährdet. Zum einen durch die US-Geheimdienste, die nach dem mißlungenen Racheschlag mit den Marschflugkörpern noch größeres Interesse an Informationen über ihren Erzfeind, seinen Aufenthaltsort und seine Gewohnheiten haben mußten. Zum anderen aber durch bin Ladens Leute, die von jedem, der mit ihrem Meister irgendwie Kontakt hatte, Verrat fürchten mußten. Der Journalist Hamid Mir sagt zu beidem nicht viel, obwohl er weiß, daß ein Islamgelehrter aus Pakistan, der mit dem geheimnisvollen Araber zu tun hatte, eines Tages vor seinem Haus niedergeschossen wurde. Keine besonders beruhigende Arbeitsgrundlage also. Was indes die Gefahr von seiten bin Ladens angeht, so scheint der Araber seinem Biographen voll zu vertrauen: »Er weiß, daß ich nie irgendjemandem irgendetwas über seinen Aufenthaltsort sagen würde«, so Hamid Mir. Mag sein – schließlich hat sich bin Laden seinen Leibautor selbst ausgesucht. Der zweifelhaften Ehrung vorausgegangen war ein Interview, das Mir mit dem Araber 1997 in Afghanistan geführt hatte. Der Journalist erinnert sich gut an sein erstes Treffen mit dem Berüchtigtsten der Berüchtigten: »Es gab eine Menge Sicherheitsvorkehrungen. Ich traf ihn in der Nähe von Dschalalabad. Ich trat ein und sah ihn, wie er in einer Akte las. Es war meine Akte. Er wußte alles über mich.« Bin Laden las vor, wann Mir welchen Politiker wo im Ausland interviewt hatte, wie seine Kontonummer lautete, und er machte Anmerkungen sogar zu Mirs privaten Angelegenheiten. »Die Botschaft war klar: Ich weiß alles über dich. Versuche nicht, mich zu hintergehen.«

Hamid Mir scheint dennoch die richtigen Fragen gestellt zu haben: Ein Jahr später, das Interview war längst veröffentlicht, traf er bin Laden erneut in Afghanistan, diesmal nahe Kandahar. »Wir haben uns den ganzen Abend unterhalten und er fragte, ob ich nicht ein Buch über ihn schreiben wolle.« Der Reporter wollte und es begann ein merkwürdiger Austausch von Fragen, die mittels Boten an unbekannte Orte in Afghanistan übermittelt wurden, und Antworten, die auf ähnlich verschlungenen Wegen wieder zurück nach Pakistan kamen. Irgendwann tauchten Fremde bei dem Journalisten auf, übergaben ihm die Blätter mit den schriftlich formulierten Antworten. »Manchmal antwortete er schnell, manchmal ließ er sich Zeit, manchmal riß der Kontakt ganz ab für eine Zeit. Aber er meldete sich immer wieder«, erzählt Mir.

Was er über den Gegenstand seiner schriftstellerischen Bemühungen zu sagen hat, liest sich wie die passende Bildunterschrift zu den Fotos des Arabers, die derzeit um die Welt gehen: »Er ist ein sehr ruhiger, höflicher und bescheidener Mann«, sagt Mir über den meistgesuchten Menschen der Welt, der auf den Bildern eine beunruhigende Gelassenheit und Selbstsicherheit ausstrahlt. Und noch etwas hebt Mir hervor. Im Gegensatz zu dem eher schlichten Talibanchef Mullah Omar sei bin Laden ein kühl kalkulierender Charakter: »Omar ist ein Mann des Herzens, Osama ein Mann des Kopfes.« Bin Laden habe eigentlich nur zwei wirkliche Anliegen: die Befreiung Palästinas von der Anwesenheit der Israelis und den Abzug der Amerikaner aus Saudi-Arabien, die dort auf Wunsch des saudischen Königshauses seit dem Golfkrieg von 1991 stationiert sind. Und das seien doch Dinge, »mit denen eigentlich jeder Muslim irgendwie übereinstimmt«, sagt Hamid Mir. »Osama meint, wenn die Afghanen ihr Land von den Sowjets befreien konnten, dann muß man auch die Juden aus Palästina und die Amerikaner aus Saudi-Arabien vertreiben können.« Letztendlich sei bin Laden einer, der sich an der Weltherrschaft der Amerikaner störe. »Die Amerikaner diktieren den Ölpreis und beuten so die Araber seit Jahrzehnten aus. Das will er nicht akzeptieren.«

Es versteht sich, daß wohl keiner in Pakistan ein Buch über Osama bin Laden schreiben kann, der nicht selbst eine gewisse Grundsympathie für die islamistische Variante der politischen Weltsicht hat und eine wohlwollende Haltung gegenüber dem Talibanregime in Kabul dazu. Hamid Mir hat sie, das sagt er selbst. Obwohl er hinzufügt, es gebe sehr vieles, in dem er mit bin Laden nicht übereinstimme, »etwa, daß man alle Amerikaner töten muß«.

Der Autor ist aber nicht nur ein in der Wolle gefärbter Anhänger fundamentalistischer Ideen. Er dürfte auch, so nehmen jedenfalls andere pakistanische Journalisten an, über ziemlich gute Kontakte zum pakistanischen Geheimdienst ISI verfügen: »Er und seine Zeitung *Ausaf* sind so etwas wie das Sprachrohr der Taliban«, sagt ein Kollege Mirs. »Was seine angeblichen Kontakte zum ISI angeht, so hat sich jedenfalls sein Lebensstil in den vergangenen drei, vier Jahren ziemlich sichtbar verbessert.«

Das soll wohl heißen, daß der Buchautor auf der Gehaltsliste des lange mit den Taliban sympathisierenden pakistanischen Geheimdienstes steht.

Aber das ist nicht bewiesen. Ganz gleich, ob Mir ein mutiger Journalist mit einem zweifelhaften Untersuchungsgegenstand ist oder ein unter der behütenden und befehlenden Hand des Geheimdienstes arbeitender Lohnschreiber: Er weiß vermutlich wenigstens in etwa, mit welchen Leuten bin Laden Kontakt hält und welche Gewohnheiten er hat. Er selbst sagt darüber – wohl in Erinnerung an das Kleingedruckte in seinem Autorenvertrag – sehr wenig. Soviel aber schon: »Bin Laden fährt nicht mit einer riesigen Streitmacht durch das Land. Wenn er irgendwo vorbeifährt in seinem Jeep, würde wohl keiner denken, daß dort Osama bin Laden kommt.«

Das ist wenig. Aber dennoch etwas, was die Amerikaner bei ihrer Suche nach bin Laden im Heuhaufen Afghanistan vielleicht im Hinterkopf behalten sollten. Auf das Erscheinen von Hamid Mirs Buch werden sie noch eine Zeit lang warten müssen. Seine Arbeit stockt. Denn er kann derzeit mit bin Laden, wie er sagt, keinen Kontakt pflegen.

20.09.2001

Die Vorhut der Verzweifelten

Längst haben sich Elendskolonnen hungernder Menschen aus Afghanistan auf den Weg gemacht – und bringen Pakistan in zusätzliche Schwierigkeiten

Am Anfang sind es nur die kleinen hellblauen Punkte, die ins Auge fallen. Je weiter aber der Wagen sich dem steilen Berghang nähert, desto klarer zeichnen sich im grellen Mittagslicht Konturen ab in der Steinlandschaft. Eine lange Kette seltsam unförmig wirkender Menschen zieht sich schwankend den Berg hinauf. Bei jeder Bewegung flattern die merkwürdig weiten und bauchigen Umhänge; sobald eine der blauen Gestalten stehen bleibt, gerät die ganze Prozession ins Stocken.

Es ist eine mitleiderregende Kolonne, die sich aus dem Talkessel von Tangi, mitten im pakistanischen Stammesgebiet am Khyberpaß, den Berghang hinaufquält: Afghanische Frauen mit Babys auf dem Arm, die fessellange *Burka* behindert sie beim Aufstieg. Den Pfad zu ihren Füßen sehen sie nur durch das enge Gitternetz vor den Augen, an der Hand ziehen sie ihre älteren Kinder hinterher. Auch die Männer, die sie begleiten, tragen Kinder, Alte und Erschöpfte quälen sich hinterher.

Ganz langsam bewegt sich der erbarmenswürdige Konvoi in der Mittagshitze nach oben, während er von unten immer wieder ein kleines

Stückchen nachwächst. Immer neue Gruppen von zehn, zwanzig Flüchtlingen kommen im Tal an, drängen sich durch das Durcheinander von Kamelen und Packtieren und beginnen den mühevollen Aufstieg.

Die Klippe von Tangi ist das letzte Hindernis auf dem langen Marsch von Kabul, Herat und Masar-i-Scharif hinüber nach Pakistan. Die Menschen haben die Grenze nach Pakistan illegal überquert, sind fast zwei Tage ohne Essen und mit viel zu wenig Wasser über die Berge gelaufen. Jetzt müssen sie zu guter Letzt noch die Klippe bezwingen. Es ist ein Aufstieg von zwei bis drei Stunden. Oben am Grat warten, wenn die Flüchtlinge denn Glück und vor allem Geld haben, Jeeps und Transporter auf sie. Die bringen sie dann in Richtung Peschawar: Die völlig erschöpften Menschen werden versuchen, am Ende ihrer tagelangen Odyssee quer durch Afghanistan bei ihren Verwandten in den Flüchtlingslagern der pakistanischen Grenzstadt unterzukommen.

Die sich anbahnende Flüchtlingskatastrophe in Afghanistan hat längst begonnen, aber sie bleibt weitgehend abgeschirmt von der Weltöffentlichkeit. Die pakistanischen Stammesgebiete wie die »Khyber-Agency«, wo der Stamm der Afridis lebt, sind für Ausländer Sperrgebiet. Die Stämme an der Grenze zu Afghanistan leben fast völlig unbehelligt von den pakistanischen Behörden und der Polizei. Das Tragen von Waffen gehört bei den Afridis zur männlichen Kleiderordnung, Drogenanbau und Schmuggel ist in der unterentwickelten Region ein weit verbreitetes Geschäft. Seit die amerikanisch-afghanische Terrorkrise begonnen hat, hält die Polizei die internationale Presse sogar von den offiziellen Grenzübergängen des Landes weitgehend fern. Offenbar soll die Flüchtlingskrise klein geredet werden, solange es noch geht.

»Wir sind drei Tage gelaufen, erst von Kabul auf der Landstraße und dann durch die Berge heimlich über die Grenze«, sagt Hadschi Haider Khel. Der alte Afghane ist nach dem tagelangen Marsch am Ende. Erschöpft steht er im Talkessel von Tangi. Sein Turban löst sich auf, Bart und Augenbrauen sind von Staub verklebt. »Alle rennen um ihr Leben, keiner will in Kabul bleiben«, sagt er. »Alle haben Angst vor einem Angriff der Amerikaner.« Die Drohungen der USA gegen die Talibanregierung und ihren Terrorgünstling Osama bin Laden zeigen Wirkung, wenn auch vielleicht nicht die erwünschte: In Afghanistan hat sich eine Flüchtlingswelle in Bewegung gesetzt, deren wahres Ausmaß bisher noch keiner kennt.

Zwar sagt die pakistanische Regierung, es seien erst einige tausend Menschen eingetroffen. Doch die internationalen Hilfsorganisationen rechnen mit mindestens einer Million Afghanen, die nach Pakistan kommen werden, sollten die ersten US-Bomben in Kabul und Kandahar explodieren. Eine weitere Million Flüchtlinge wird an der iranischen Grenze erwartet. Selbst die früheren Sowjetrepubliken Turkmenistan, Usbekistan und Tadschikistan rechnen mit hunderttausenden verzweifelten Afghanen.

Das Drehbuch des möglichen Dramas ist also schon geschrieben. Und es ist nicht nur die Angst vor den Bomben und Raketen der Amerikaner, die die Verängstigten und Verzweifelten über die Grenzen treibt. In Afghanistan werden die Nahrungsmittel knapp, seit das Talibanland weltweit isoliert worden ist. Die internationalen Organisationen haben Afghanistan verlassen, die Taliban die verlassenen Getreidelager der Helfer schon geplündert. Die Lager sind leer – Afghanistan und seine Menschen waren schon vor dem Terrorinferno von New York wegen einer Jahrhundertdürre ausgehungert. »Krieg und Hunger werden die Menschen automatisch aus dem Land treiben, so der Sprecher des Flüchtlingswerks der Vereinten Nationen, Peter Kessler. »Es droht eine unvorstellbare humanitäre Tragödie.«

Die Flüchtlinge von Tangi sind also möglicherweise nur die Vorhut einer ausgehungerten und verängstigten Menschenflut, die sich schon bald über die Grenze ergießen könnte. Die pakistanische Regierung hat vorsorglich die Grenzübergänge gesperrt. Es gibt in Pakistan bereits 2,5 Millionen »alte« Afghanistanflüchtlinge aus dem Krieg mit den Sowjets und dem darauffolgenden Bürgerkrieg. Diese Menschen leben bis heute in Lagern und fallen dem Land zur Last. Jeder »neue« Afghane in Pakistan ist ein Afghane zuviel.

Doch an den Zollstationen in Torkham im Norden und in Chaman im Süden stauen sich die Menschenmassen jenseits der Grenze, allein in Chaman sollen es zwanzigtausend sein. Nur wer ein Visum hat, darf passieren. Ein Visum aber haben die wenigsten, weshalb die meisten die Grenze illegal überqueren. Auch wenn Islamabad standhaft bestreitet, daß die Flüchtlingsflut längst ins Land schwappt: Die Elendskolonne von Tangi beweist das Gegenteil. Die Flüchtlinge sind da – und es werden täglich mehr.

Auch Haider Khel, der erschöpfte alte Mann aus Kabul, ist illegal nach Pakistan gekommen. Er hatte kein Visum, er hatte nur Angst. Also hat er das getan, was die meisten tun. Er hat sich mit seinen 14 Familienmitgliedern von Kabul auf den langen Marsch gemacht und sich über die Grenze geschlagen. Es dauerte drei Tage, bis Haider Khel und seine Familie nach Tangi fanden. »Kaum einer kennt den Weg über die Grenze, einer folgt einfach dem anderen.« Der alte Mann sagt, er habe Kinder, Alte und Kranke unterwegs sterben sehen vor Erschöpfung. »Es gibt kein Wasser und keine Ärzte.« Andere bestätigen, was er erzählt: Die Taliban, die Fundamentalisten aus Kabul, organisierten weder den Exodus noch die Ernährung der Verzweifelten. »Die Taliban sind mit sich selbst und der Vorbereitung auf den Krieg beschäftigt«, sagt Gamal Schahabi. Er ist aus Masar-i-Scharif im Nordwesten Afghanistans, dort stürben Kinder und Alte an Durchfallerkrankungen: »Alle Zivilisten wollen weg aus Masar-i-Scharif. Sie fürchten nicht nur die Angriffe der Amerikaner, sondern auch eine Attacke der Talibanfeinde von der Nordallianz. Es herrscht das blanke Chaos.«

Die schnaubenden Mulis und die brüllenden Kamele, die angepflockt im Tal stehen, warten aber eigentlich nicht darauf, Flüchtlinge wie Schahabi und Haider Khel den Berg hinauf zu tragen. Tangi ist ein wichtiger Umschlagplatz für Schmuggelgut aller Art. Die Last der Kamele und

Mulis liegt zwischen den Autos mit den Flüchtlingen über den ganzen Talkessel verstreut: Säcke voller Getreide, Kartons mit Fernsehern und Stereoanlagen, Autoreifen, Stämme wertvoller Edelhölzer. Die Afridis leben von Geschäften in der Grauzone der Stammesgebiete. Tangi ist ein Umschlagplatz und Knotenpunkt in einem Geschäft, das eigentlich als Schmuggel bezeichnet werden müßte, von den Stammesleuten aber unter dem versöhnlicheren Stichwort »Handel« geführt wird.

Das Muster des Geschäfts ist seit Jahren bekannt. Von der pakistanischen Freihandelszone Karatschi aus werden Elektrogeräte, Stoffe und alle möglichen anderen Importprodukte an die pakistanisch-afghanischen Grenzposten geschafft und – so weit ist es ganz legal – nach Afghanistan exportiert. Nur wenige Kilometer hinter der Grenze halten die Laster an. Hier beginnt der illegale Teil des »Handels«: Die zollfrei ausgeführte Ware wird auf Kamele und Maultiere gepackt oder auf den Rücken kräftiger Männer gehievt. Stoffballen, Fernseher und Kühlschränke wandern in einer abenteuerlichen Reise über die zerklüfteten Bergkämme weit jenseits der Zollstationen zurück nach Pakistan. Dort werden die Güter dank der auf diese Weise eingesparten Zölle mit gewaltigen Gewinnspannen verkauft. Zwischen zwei und sechs Milliarden Dollar jährlich beträgt nach offiziellen Angaben der Schaden für die pakistanische Volkswirtschaft durch die Schmuggelei.

Der »Handel« ist ein Riesengeschäft für die Schmuggelbarone aus den Tribal Areas, ein massiver Schaden für die pakistanischen Hersteller pakistanischer Fernseher, Radios, Kühlschränke und Tuche und zugleich die Existenzgrundlage der meisten Menschen in den Stammesgebieten. Omar, einer der Afridis, ist in einem der Dörfer bei Tangi aufgewachsen. Er hört das Wort Schmuggel nicht gerne: »Von diesem Handel leben nicht nur ein paar reiche Geschäftsleute. An einem Ort wie diesem finden Tausende Arbeit. Die Menschen verdienen hier die paar hundert Rupees, mit denen sie ihre Familien ernähren. Die pakistanische Regierung tut ohnehin nichts für uns Afridis.«

Ob Schmuggel oder Handel – das Geschäft ist überlebenswichtig für die Stammesleute. Jetzt aber droht der Flüchtlingsstrom das Geschäft der Afridis zu stören. Achtzig bis hundert Pick-up-Wagen täglich kämen allein in Tangi an, erzählen die Männer – sie sind gegen ihren Willen von Händler zu Helfern geworden. »Wir helfen, weil wir Muslime alle Brüder sind«, sagt Hadji Jenab Gul. Jenab Gul trägt einen breiten Patronengurt vor der Brust und eine Pistole an der Seite. Mit klaren Worten und dem umgeschnallten Munitionsdepot vor der Brust dirigiert er die Fahrer der Pick-up-Wagen durch das Tal, die in kurzen Abständen nacheinander das hoch aufspritzende Wasser der Furt durchqueren. Auf der Pritsche und im Führerhaus drängen sich jedesmal gut 15 Afghanen, Männer, Frauen und Kinder. Täglich, so sagt Jenab Gul, kämen rund tausend Menschen an. Sie würden von den Wagen ein paar Kilometer von Tangi entfernt nach dem langen Fußmarsch über die Berge aufgelesen und hierher gefahren. »Die ersten kamen direkt nach den Attentaten in New York. Sie tauchten schon am 12. September bei uns auf.« Jenab Gul versucht zu helfen, aber er verliert auch die eigentliche Bestimmung von Tangi nicht aus den Augen. »Das Ganze hier ist nicht gut für unser Geschäft und den Handel«, sagt er.

Auch in den Basaren in Peschawar, wo die zollfreie Kontrebande nach dem langen Treck zurück über die Grenze offen zum Verkauf angeboten wird, klagen die Händler, daß ihr Geschäft schon fast zum Erliegen gekommen ist. Seit die Grenze von der pakistanischen Regierung auf Druck der USA geschlossen worden ist, funktioniert der Export der Waren nach Afghanistan nicht mehr. Und auf den steilen Bergpfaden, auf denen die Kisten und Säcke normalerweise zurückkehren, stauen sich nun statt hochbepackter Kamelkarawanen die Elendstrecks aus Afghanistan. Das Schmuggelgeschäft liegt darnieder.

Daß der Flüchtlingsstrom so schnell nicht abreißen wird, wissen Jenab Gul und die anderen Afridi-Stammesleute nur zu gut. Die Pläne der pakistanischen Regierung und des UN-Flüchtlingshilfswerks UNHCR, in den Stammesgebieten grenznahe Auffanglager für die erwartete Flut von Obdachlosen einzurichten, dürfte den geschäftstüchtigen Afridis noch weniger gefallen. Eine UNHCR-Mission hat gerade begonnen, über mögliche Standorte für drei Lager in den Tribal Areas zu verhandeln – ein Anliegen, das zum Konflikt mit den Stammeskriegern führen könnte.

Streit mit den Stämmen aber wollte die pakistanische Regierung schon immer vermeiden.

Sechs verschiedene Tribal Areas oder Stammesgebiete gibt es entlang der 2500 Kilomter langen Grenze zu Afghanistan; in jeder Agency, wie diese Gebiete hier heißen, lebt ein anderer Stamm. Das Tangital gehört zur Khyber-Agency. Das Land am Khyberpaß ist rauh. Der Dialekt des Afridistammes klingt noch härter als sich die Sprache der Paschtunenstämme ohnehin anhört. Die Afridis sprechen, als würden sie bei jedem Wort ein paar Kieselsteine auf ihrer Zunge gegeneinander schlagen lassen.

Einer der Afridis machte Anfang der neunziger Jahre sogar weltweit Schlagzeilen: Ayub Afridi brachte es zu einem Millionenvermögen und dem Ruf, der größte Geldfälscher und Drogenbaron Pakistans zu sein. Er sitzt bis heute hinter Gittern.

Einer wie Ayub Afridi gilt im Stammesland weniger als Krimineller denn als ehrenwerter Geschäftsmann. Hier gelten andere Regeln. Die Tribal Areas sind nicht nur für Ausländer striktes Sperrgebiet. Auch die pakistanischen Behörden müssen jenseits des Schlagbaums bleiben. Stämme wie die Afridis machen ihre Angelegenheiten unabhängig von Regierung, Parlament und Polizei unter sich aus. Meist durch langes Schachern der Ältesten in der *Hodschra*, dem Treffpunkt der Männer im Dorf. Oft genug aber auch mit Gewalt. Diese ist ausdrücklich vorgesehen im Gesetz der Stämme, dem *Paschtunwali*. Der *Paschtunwali* ist ein jahrhundertealter, von Generation zu Generation weitergegebener Kodex. Stamm, Clan, Familie und Ehre stehen im Zentrum. Blutrache dient als Regulativ aller Probleme. »Die Checks-and-balances unseres

Paschtunwali funktionieren doch bestens«, sagt ein Afridi. »Ich habe eine Waffe und mein Nachbar hat eine Waffe. Wenn er mir ein Unrecht tut, weiß er genau, was passieren wird. Also läßt er es bleiben.«

Wenn die Abschreckung à la Afridi einmal nicht funktioniert, was oft genug vorkommt, setzt sich eine Kettenreaktion in Gang. Mit einmaliger Revanche ist es nicht getan. Jeder Tote fordert neues Blut. Die Gegenseite nimmt ebenfalls Rache, die Familien geraten in einen Kreislauf, der seine ehrenwerte Blutspur durch Generationen ziehen kann. Es gibt kaum ein Entrinnen aus dem strengen Sittenkodex der Stämme. Ganze Familien wurden angeblich in der männlichen Linie schon ausgerottet; die Frauen wurden von der Rachpflicht ausgenommen.

Die pakistanische Regierung hat am Stammeswesen bis heute nichts ändern können. Da die Stämme zutiefst antistaatlich eingestellt sind, nimmt Islamabad nur sehr vorsichtig Einfluß. Erfunden haben das System der Tribal Areas die Briten. Nachdem Londons Kolonialgenerale sich im 19. Jahrhundert gleich in zwei Afghanistankriegen Niederlagen eingehandelt hatten, gaben sie die Idee der direkten Kontrolle Kabuls auf. Sie riegelten das unkontrollierbare Land einfach vom britisch-indischen Kolonialreich ab und zogen 1893 eine neue Grenze zum No-go-Land. Die Politgeographen zeichneten die sogenannte Durand-Linie indes bewußt quer durch ein Stück Afghanistan. Die Afghanenstämme auf der britischen Seite der Grenze bekamen die Tribal Areas überlassen. Diese dienten London seither als Pufferzone zu Afghanistan.

Heute sind die Tribal Areas Pakistans Pufferzone und wegen des Drogenanbaus und der Schmuggelei zugleich eines der Hauptproblemgebiete des Landes. Es ist dieses überaus sensible Umfeld, in dem die afghanischen Flüchtlinge nun auftauchen, in dem riesige Camps eingerichtet werden sollen, in dem die eigenwillige »Stammeswirtschaft« mit ihrem »Handel« durcheinander zu kommen droht. Pakistan, durch die amerikanisch-afghanische Krise innenpolitisch ohnehin höchst gefährdet, könnte neben den wegen der Zusammenarbeit mit den USA wutschäumenden Islamisten ein weiteres Problem bekommen: einen Aufstand in den Stammesgebieten. Für Haider Khel, den alten Mann aus Kabul, spielt alles dies keine Rolle. Er fühlt sich in Tangi sicher, er sieht in den Stammesleuten ohnehin seine Brüder. Er sagt: »Pakistan ist ein Muslimland. Hier werden sie uns helfen.«

27.09.2001

Aufruhr vor dem Heiligtum der Eiferer

Islamische Fundamentalisten randalieren, aber die Händler von Peschawar scheren sich nicht darum

Es hat etwas Anrührendes an sich, wie Aziz Rahman sich an diesem Morgen des Zorns um Ausgewogenheit und Gerechtigkeit bemüht. Mit ernstem Gesicht zieht er einen sorgsam beschriebenen und gefalteten Zettel aus der Brusttasche und beginnt, ihn laut zu verlesen: »Sechstausend Unschuldige sind im World Trade Center in New York gestorben. Es stimmt, das war Terror. Aber die unschuldigen Menschen, die jetzt in Afghanistan sterben – ist das kein Terror?« Eigentlich will Rahman noch viel mehr vorlesen vor den Stufen zur Madani-Moschee im Salzbasar von Peschawar. Will reden von den »Tausenden getöteten Palästinensern, den massakrierten Kaschmiris und den zu Millionen ermordeten Muslimen in Bosnien – ist das kein Terror?« Aber dann sagt er: »Ich will kein Englisch mehr sprechen. Ich hasse diese Sprache.«

Der Morgen nach dem Angriff der Amerikaner und Briten auf Afghanistan. Die ersten Nachrichten und Bilder aus den bombardierten Städten Kabul und Kandahar sind in Pakistan zu sehen, Menschentrauben stehen um die Stände der Zeitungshändler in Peschawar. Der Zorn über den Angriff auf die Nachbarn, auf die muslimischen Brüder macht sich Luft vor der Madani-Moschee.

Die Moschee ist bekannt in dieser Stadt an der afghanischen Grenze. Ein paar hundert Jahre alt, ist sie heute ein Zentrum der Fundamentalisten. Hier beten die Aktivisten der Jamiat-i Ulema-i-Islami, Koransuren wechseln sich ab mit politischen Parolen. Es ist also kein Zufall, daß die Proteste gegen den Angriff auf Afghanistan, die sich in Peschawar äußern, hier beginnen: auf der Kreuzung vor dem Heiligtum der Eiferer.

Die Madani-Moschee liegt mitten im Salzbasar. Der heißt nur noch so – er ist längst zu einem Fleischer- und Restaurantbasar geworden. Hammelkeulen hängen hier am Haken, in den Buden gibt es Kebab und Hühnerbeine. Neben den billigen Restaurants stehen noch billigere Hotels. Es ist kein reiches Viertel, Altstadt eben. An diesem Montag Morgen hallt im Salzbasar rund um die Madani-Moschee das dumpfe Krachen von Tränengasgranaten durch die Gassen. Die dünnen Rauchsäulen von den Grills der Kebabbuden mischen sich mit dem Qualm und dem Gestank brennender Reifen, die die zornigen Protestierer auf der Kreuzung an der Moschee aufgehäuft und angezündet haben. Immer wieder skandieren sie ihre Parolen: »Wir sind mit Osama bin Laden und den Taliban. Zerstört die USA, der Krieg geht weiter.«

Immer wieder fliegen auch ein paar Steine auf die in großer Zahl angetretenen Polizisten mit ihren Schutzschilden und den langen Bambusschlagstöcken, begleitet von dem Ruf nach dem *Dschihad*, dem Heiligen islamischen Krieg. Sobald die Polizisten den Steinewerfern nachsetzen, verschwinden diese in den Seitenstraßen – ein Katz-

und-Maus-Spiel mit dem Einsatz von Tränengas und Pflastersteinen nimmt rund um die Moschee seinen Lauf.

Nicht, daß die Zusammenstöße im Salzbasar schon ernsthaft Anlaß geben würden, einen Aufstand zu befürchten in Pakistan. Daß es in Peschawar zu gewalttätigen Protesten kommen würde nach einem Angriff auf Afghanistan, war von Anbeginn an klar gewesen: Pakistaner und Afghanen sind Muslime, und Peschawar ist seit zwanzig Jahren, seit es Krieg gibt im Nachbarland Afghanistan, ein einziges Flüchtlingslager. Die meisten der Protestierer sind zudem Anhänger der religiösen Parteien mit einem klaren Hang zum Berufsdemonstrantentum. Seit fast drei Wochen und bisher noch mit begrenztem Erfolg versuchen die Führer der Fundamentalisten, die Pakistaner gegen die Regierung ihres Landes in Stellung zu bringen. Jetzt, nach dem Angriff der amerikanischen und britischen Bombenflugzeuge und Raketen, werden sie ihre Aktivität verstärken.

Es ist nicht die breite Masse, die Steine auf die Polizisten wirft und Transparente mit dem Bild Osama bin Ladens vor die Fernsehkameras hielten. Die meisten Basaris haben nicht einmal die Rolläden vor den Türen ihrer Läden heruntergelassen, auch einzelne Kebabbrater legen weiter Fleischspieße auf den Grill, Schulkinder laufen in aller Ruhe nach Hause. Fayaz Ahmed, der seinen Kopf aus der Hoftür streckt, Rumpf und Beine aber lieber in der Sicherheit des Hofes läßt, sagt: »Was soll das Gerede vom Heiligen Krieg. Wer will, soll seinen Heiligen Krieg in Afghanistan kämpfen, nicht hier in Pakistan.«

Doch in anderen Städten des Landes sind die Proteste an diesem Tag schon weit gewalttätiger als in Peschawar. In Quetta, einer anderen Grenzstadt mit hunderttausenden afghanischen Flüchtlingen, gehen Kinos, eine Polizeistation, ein Supermarkt und mehrere UN-Büros in Flammen auf. Armee und Polizei brauchen Stunden, um die abrupt ausbrechende Gewalt zu beenden. In Chaman lassen sich rund sechstausend Pakistaner und Afghanen zu einer Sitzblockade nieder und verbrennen eine Puppe, die den pakistanischen Staatschef Pervez Musharraf darstellt.

Er ist der Mann, der das schemenhaft sich abzeichnende Szenario eines möglichen Chaos verhindern soll, und er absolviert an diesem Montag einen überzeugenden Auftritt vor der Presse in Islamabad. General Musharraf, der sich und sein Land im »Krieg gegen den Terror« auf die Seite der Amerikaner gestellt hat, gibt sich souverän, überzeugend und gelassen. Es sei kein Angriff auf Afghanistan, sagt er. Es gehe um »kurze, scharfe und zielgerichtete Attacken gegen Terroristen und ihre Unterstützer«.

Dennoch wirkt der klein gewachsene Musharraf in seinem Sessel hinter den vor ihm wie eine Brustwehr aufragenden Mikrophonen der internationalen Fernseh- und Radiosender wie ein Soldat im Schützenloch: eingegraben und zum Kampf bereit in Erwartung eines gefährlichen Gegners. Der General ist denn auch in Uniform erschienen – ein weiteres Signal dafür, daß er bereit ist für das, was kommt.

Der Präsident, der von den Amerikanern rechtzeitig informiert worden ist über die bevorstehenden Angriffe, hat ziemlich umfassend vorgesorgt. Bevor die US-Jets und Raketen zur nächtlichen Attacke auf das Talibanland Afghanistan starteten, ließ er am Wochenende noch schnell die wichtigsten religiösen Führer des Landes unter Hausarrest stellen. Und der General, der von sich sagt, »ich bin Soldat und werde es immer bleiben«, räumte am Sonntag auch mit möglichen Gegnern in den eigenen Reihen auf. Der mächtige Geheimdienstchef wurde ausgewechselt, ebenso eine Reihe führender Offiziere aus den Streitkräften. Mit Musharrafs Aufräumaktion im Generalstab wird deutlich, daß alle diejenigen gehen mußten, die Bedenken gegen den Schulterschluß mit US-Präsident George Bush hatten.

So vorbereitet auf alle Eventualitäten, beteuert der General im Sessel des Staatschefs am Morgen nach der Attacke auf Afghanistan: »Ich weiß, daß die überwältigende Mehrheit der pakistanischen Bevölkerung auf der Seite meiner Regierung steht.« Die Bilder von den brennenden Kinos und Supermärkten in Quetta und den randalierenden Talibananhängern im Regierungsviertel von Islamabad zeigen indes, daß Musharrafs Gegner vielleicht in der Minderheit, dafür aber gewaltbereit sind. Der Präsident, der auch dies vorher gewußt haben dürfte, läßt vorsichtshalber nicht nur die Polizei antreten. Er befiehlt auch seiner Armee, in Quetta und Islamabad aufzufahren. In Peschawar stehen ebenfalls Panzerwagen an den wichtigsten Kreuzungen, Konvois mit aufgesessenen Soldaten rollen langsam durch die Straßen.

Im Salzbasar demonstriert die Armee ihr Abschreckungspotential. Die durch die engen Straßen rund um die Madani-Moschee rollenden Lastwagen, mit Truppen voll beladen, sind eine unverhohlene Drohgebärde. Die Polizei mag in Pakistan von niemandem wirklich ernst genommen werden; zu korrupt sind die Beamten, zu oft brechen die Ordnungshüter selbst das Recht für eine Handvoll Rupien. Die Armee hingegen ist eine Institution, mit der nicht zu spaßen ist. Diszipliniert, wie es dem Ruf der britisch geschulten Truppe entspricht, sitzen die Soldaten Schulter an Schulter mit den Khakiuniformen, Stahlhelmen und Gewehren auf den Pritschen der Truppentransporter. Und auf jedem der Lastwagen, die durch den Basar rollen, steht ein Mann aufrecht an dem nach vorne gerichteten Maschinengewehr. Es ist ein Moment, in dem auch die hartleibigsten Anhänger der Osama-Fraktion sich vorübergehend in die Sicherheit der Seitengassen des Salzbasars zurückziehen.

»Erst wenn es zu ernsthaften Zusammenstößen mit der Armee kommt, kippt die Sache für Musharraf«, sagt ein pakistanischer Journalist, der sich die tränenden Augen reibt. »Wenn die Menschen die Armee nicht mehr respektieren, gibt es kein Halten mehr.« Es müsse sich noch zeigen, wie lange die Mehrheit der Pakistaner auf Musharrafs Seite bleibe und ob er wenigstens mit seinen Drohgebärden die Zweifler im Zaum halten könne.

In den Tribal Areas, den afghanisch bevölkerten Stammesgebieten an der Grenze, scheint nicht einmal die Anwesenheit der Armee für Ruhe zu sorgen. Die als anarchisch bekannten Stammesleute setzen voller Wut über die US-Bombardements zum Sturm an auf das Büro einer internationalen Hilfsorganisation. Die Armee schießt scharf, mindestens zwei Menschen werden verletzt – es ist ein möglicher Vorgeschmack auf die Probleme, mit denen der umsichtige General Musharraf es bald zu tun haben könnte.

Denn die Luftangriffe gegen Afghanistan haben erst begonnen. Je länger die Attacken dauern, desto schwerer wird es für den Staatschef des unruhigen Landes werden, die von den Fundamentalisten angerührte Mischung aus dem massiven Antiamerikanismus der Pakistaner und ihren religiösen Gefühlen zu entschärfen. Sollten die amerikanischen Piloten bei einem ihrer weiteren »gezielten Angriffe« gar eine größere Zahl afghanischer Zivilisten töten, wird sich der General schwer tun, die Lage zu kontrollieren.

Als Aziz ur-Rahman, der Mann vor der Madani-Moschee im Salzbasar von Peschawar, seinen Brief über das weltweite Leiden der Muslime schon wieder in die Tasche gesteckt hat, entschließt er sich, den Abscheu vor der englischen Sprache noch einmal zu überwinden und doch etwas zu äußern. »Wir protestieren nicht nur gegen die USA«, sagt er. »Wir protestieren auch gegen die Regierung und gegen Musharraf. Pakistan gehört nicht Musharraf allein. Es ist unser Land. «

09.10.2001

Der Gotteskrieger und sein Vorbeter

Früher kämpfte der Afghane Lal Agha an der Seite des Arabers gegen die Sowjets, heute verwünscht der »Commander« von Peschawar den Terroristenführer

Seine Freunde nennen ihn »Commander«, aber für seine Kunden ist er nur ein kleiner *Rikschawalla*. Leicht nach vorne gebeugt sitzt Lal Agha im Führerstand seines Dreiradtaxis, die weiße Turbankappe auf dem Kopf und den knatternden Motor unter dem Hintern. Von morgens bis abends manövriert der Afghane seine »Pak-Vespa« durch die Straßen von Peschawar, schlängelt sich durch zwischen den zigarrenförmigen Bussen und den klapprigen Toyota-Taxis, zieht links noch schnell vorbei an einer *Tanga*, einem Pferdewagen, und biegt dann ein in den Khyber-Basar. »Der Basar ist immer gut. Die Leute kommen, um etwas zu kaufen. Dann brauchen sie eine Rikscha.«

Lal Agha lehnt den Oberkörper ein wenig nach rechts, drückt gegen die Lenkstange, schwenkt sein Gefährt ein in die Gassen der Altstadt. Wenn Lal Agha nicht aufpaßt, nimmt er dabei die Holzbuden der Obsthändler, Schuhmacher und Garküchen mit, die links und rechts am Gassenrand über den offenen Abwasserkanälen stehen: So eng ist die Altstadt, daß selbst eine Rikscha hier kaum noch durchkommt.

Kaum, aber niemals nie. Eine Rikscha kommt immer durch. Klein, schnell und billig, hat sie Platz für zwei, drei Fahrgäste: eine knatternde Sänfte auf drei Rädern, nur weniger komfortabel.

Die Motorroller kommen aus Italien, dort fahren die Händler mit den Dreirädern die Gemüsekisten zum Markt. In Pakistan taugt so etwas allemal zum Taxi. Seit gut zwanzig Jahren sitzt Lal Agha hinter der Lenkstange von Rikscha Nummer 2985, das rechte Bein am Bremspedal, das linke hochgezogen auf den Sitz. Rechts am Lenker das Gas, links die Gänge, beim Abbiegen streckt er seinen Arm aus der Kabine. Ab und an schiebt er sich ein Stück Tabak zwischen Zähne und Oberlippe. Vier Päckchen braucht er am Tag, das hält ihn wach und bei Laune.

Wenn der *Rikschawalla* in den Rückspiegel blickt, sieht er seine Kunden: zwei sitzen auf der rotweiß gestreiften Rückbank, notfalls kann auch noch einer vorne mit auf den Sitz. Natürlich nur, wenn es ein Mann ist. Frauen sitzen immer hinten. Lal Agha sieht im Spiegel nur ihre verschleierten Gesichter.

Rikschawalla Lal Agha, genannt der »Commander«. Der Titel ist Ausdruck des Respekts der anderen *Rikschawallas* vor seiner Vergangenheit. Lal Agha war vor fünfzehn Jahren ein *Commander*, ein Kommandant im Kampf gegen die Sowjets. Kein wichtiger Mann: Nur einer, der nachts mit einer Handvoll Gotteskrieger aus den Bergen Afghanistans hinunterstieg und die Posten der verhaßten Feinde überfiel. Einer von vielen, die sich in der Dunkelheit anschlichen, schossen und wieder davonmachten.

Lal Agha verstand sich offenbar auf sein Geschäft. Er hat oft »Beute gemacht«, hat mehrfach »eine Belohnung bekommen«. Zwischen Beute machen und Belohnung bekommen war kein großer Unterschied: Im ersten Fall nahm der »Commander« Lal Agha den getöteten Feinden ihre Waffen selbst ab, im zweiten bekam er für einen erfolgreichen Hinterhalt Geld oder Waffen von seinem eigenen Kommandanten. An einen der letzten Feinde, die Lal Agha getötet hat, erinnert er sich genau. Es war ein afghanischer Geheimdienstmann. Der Offizier war in einen Hinterhalt geraten und lag verletzt am Boden: »Blut strömte aus seinem Bein, er versuchte, es abzubinden.« Lal Agha erschoß ihn aus nächster Nähe: »Ich bekam drei Kalaschnikow-Gewehre als Belohnung.« Die Gewehre hat er verkauft. Er brauchte Geld für seine Familie.

Es ist also wirklich nichts Besonderes an dem afghanischen Taxifahrer Lal Agha, genannt der »Commander«. Solche wie ihn gibt es Tausende in Peschawar, der Afghanen-Stadt in Pakistan. Was ihn unterscheidet von all den anderen, das erzählt er nebenbei: Der »Commander« Lal Agha hat anfang der neunziger Jahre an der Seite von Osama bin Laden gekämpft. Lal Agha selbst mißt der Begegnung mit dem Araber, der weltweit als Top-Terrorist gesucht wird, keinerlei persönliche Bedeutung bei. Er bedauert sie lediglich als eine vertane Chance. »Wenn ich damals gewußt hätte, welches Unglück dieser Mann über mein Land bringt, dann hätte ich ihn sofort erschossen.«

Lal Agha hat seit 1992 keine Waffe mehr auf einen Menschen gerichtet. Er fährt Tag für Tag friedlich mit seiner Rikscha durch Peschawar, für rund vierhundert Rupien am Tag. Das sind nicht einmal zehn Euro, und die müssen reichen für die Frau und die zwei Kinder. Aber einer wie Lal Agha muß froh sein, wenn er irgendwie überlebt. Reich werden im Rikschageschäft nicht die Fahrer, sondern die Besitzer der Dreiräder.

Lal Agha kennt die Stadt, hinter der Teestube am Namak-Mandi-Basar ist ein Friedhof zwischen den Häusern. Steine sind über die Gräber gehäuft, Girlanden und Silberfäden hängen daran. Ein Ort der Stille. Hier erzählt Lal Agha seine Geschichte. Wie er mit 13 Jahren nach Pakistan gekommen ist, in ein Flüchtlingslager. Die Sowjets hatten seinen Heimatort Khan Khel überfallen, den Vater getötet, das afghanische Dorf in Trümmer gelegt. Die Familie floh nach Pakistan, nach Peschawar. Die vier Brüder ernährten die Mutter und die Schwestern. Mit 13 trug Lal Agha Steine auf dem Bau, mit 17 wechselte er auf die Sitzbank der Rikscha.

Lal und seine Familie waren nicht die einzigen Afghanen, die sich nach Peschawar retteten. Gut drei Millionen Flüchtlinge waren vor den Sowjetpanzern nach Pakistan geflohen. Die Flüchtlingscamps in Peschawar dienten als Rekrutierungsbüros für immer neue Mudschaheddin, in der Stadt fuhren die politischen Führer der Rebellengruppen in Jeeps voller Bewaffneter durch die Straßen. Peschawar war die Frontstadt in diesem Krieg. Die Kämpfer pendelten hin und her zwischen ihren Camps in den Bergen Afghanistans und ihren Familien in den Lagern Pakistans. Die Gotteskrieger blieben zwei, drei Monate in Peschawar, zogen dann wieder über die Grenze. Zehntausende kamen nicht zurück in den Jahren zwischen 1980 und 1989.

Aber Jahreszahlen haben für Lal Agha keine große Bedeutung. Er war nur sechs Jahre auf der Schule, rannte weg, als die Lehrer mit dem englischen Alphabet begannen.

Wenn er sich richtig erinnert, war er 16, als er zu den Mudschaheddin ging. Daß Lal Agha und seine Brüder gegen die Sowjets kämpfen würden, war selbstverständlich, nachdem der Vater getötet worden war: »Er starb als Märtyrer, er war immer unser Vorbild.« Lal Agha ging über die Grenze, schlug sich an den sowjetischen Posten vorbei bis in die Spin-Gar-Berge im Süden von Dschalalabad. »Unser Camp hieß Tora Bora. Es lag gut oben in den Bergen.« Der Kommandant der Gotteskrieger in diesem Lager nannte sich »Ingenieur Machmud«. Der führte die Mudschaheddin an, wenn sie nachts die Posten der Sowjets und der afghanischen Armee rund um Dschalalabad überfielen. Die afghanischen Mudschaheddin von Tora Bora waren nicht alleine. Tausende Muslime aus aller Welt eilten damals nach Afghanistan. Saudis, Türken und Ägypter hatten *Dschihad*-Büros in Peschawar, wo Waffen verteilt wurden für den Heiligen Krieg an der Seite der Afghanen.

Irgendwann sei eine Gruppe von dreißig Fremden nach Tora Bora gekommen, sagt Lal Agha. »Einer von denen war ganz schwarz – das einzige Weiße an seinem Körper waren seine Zähne.« Es waren Araber und Afrikaner und einer der Araber war Osama bin Laden. Lal Agha sagt: »Er war ein einfacher Mann. Er war auch nicht anders als wir.« Eigentlich habe nur eines bin Laden unterschieden von den anderen Mudschaheddin: Er übernahm im Lager beim Gebet meist die Rolle des Vorbeters. »Er war der Führer seiner Gruppe. Da er Arabisch sprach, respektierten auch wir Afghanen ihn.«

Wenn Lal Agha von der Zeit in Tora Bora erzählt, dann nimmt er oft die Hände zu Hilfe und legt an mit imaginären Gewehren, zielt mit Flugabwehrgeschützen. Die Sowjets kannten das Lager in den Bergen. Weil sie es nicht einnehmen konnten, bombardierten sie es und das sogar tagelang: »Manchmal wurde die Mechanik unserer Flugabwehrkanonen so heiß beim Schießen, daß wir Lappen um die Griffe wickeln mußten.« Wenn sie nicht auf die Flugzeuge und Helikopter des Feindes schossen, duckten sich die afghanischen Gotteskrieger und ihre arabischen Freunde in primitive Unterstände oder krochen in Höhlen: »Einmal bombten sie tagelang. Wir konnten nicht raus, hatten kaum zu essen, nur ein Stück Brot ab und zu und etwas Wasser. Das war in der Zeit, in der Osama bei uns im Lager war«.

Es muß eine schwierige Zeit gewesen sein für Lal Agha und für bin Laden. Die dauernden Bombardierungen und die nächtlichen Angriffe; wenn einer verletzt wurde, gab es keine Ärzte und nur wenig Medikamente. Der Afghane Lal Agha scheint den Araber bin Laden schon damals nicht besonders geschätzt zu haben. »Er war kein Kämpfer. Er war mehr so einer, der die Dinge geplant hat.« Was Lal Agha wohl sagen will, ist, daß bin Laden nicht, wie er selbst, immer in der ersten Reihe rannte, wenn geschossen wurde.

Dann verlor Lal Agha den Araber aus den Augen. Jetzt aber sieht er ihn wieder auf Plakaten, die bei Demonstrationen hochgehalten werden, und im Fernsehen, wo der Araber alle Afghanen zum Heiligen Krieg aufruft. »Bin Laden hat uns damals gesagt, er sei nach Afghanistan gekommen, um uns gegen die Russen zu helfen. Nun wird mein Land wegen ihm bombardiert. Warum geht er nicht, wenn er so ein guter Muslim ist? Wenn ich könnte, würde ich ihn in Stücke schneiden.«

Nicht, daß Lal Agha seine eigenen Bluttaten im Krieg bereut hätte. Die Fronten waren klar damals: »Der Kampf gegen die Sowjets war ein echter *Dschihad*. Es war richtig zu kämpfen, sie töteten unsere Frauen und Kinder.« Später, als die Sowjets abgezogen waren und Kabul gefallen war, hörte Lal Agha auf zu pendeln zwischen Peschawar und der Front. Er legte das Gewehr beiseite und stieg nur noch in die Rikscha. Der Bürgerkrieg, der dem Ende des kommunistischen Regimes in Afghanistan folgte, sei kein *Dschihad* mehr gewesen: »Als Moskaus Soldaten weg waren, fingen die Mudschaheddin an, gegeneinander zu kämpfen und die Menschen zu terrorisieren. Es ging nur noch um Geld. Auch die Taliban kämpfen nicht für Afghanistan, sondern für Geld. Damit wollte ich nichts zu tun haben.«

Als Söldner im Bürgerkrieg hätte Lal Agha mehr verdient als auf der Rikscha. Aber Geld ist für ihn nicht das Entscheidende. Er könnte auch etwas dazu verdienen, wenn er ab und an eine Fahrt machen würde von den Schmugglermärkten an der afghanisch-pakistanischen Grenze hinunter in die Stadt. Er müßte nur seine Rikscha mit unverzollten Elektrogeräten volladen und die Ware für einen der Schmuggelbarone nach Peschawar transportieren. Das gibt tausend Rupien, knapp fünfundzwanzig Euro die Fahrt. Es ist nicht einmal gefährlich. Polizisten und Grenzer lassen sich bestechen, kein Problem. Aber Lal Agha sagt: »Ich mag das nicht.« Auch auf den anderen Nebenverdienst seiner Rikschakollegen verzichtet er: Die *Wallas* bringen auf Bestellung Prostituierte in verschwiegene Hotels und verdienen mit ihren verrufenen Kurierdiensten ein paar hundert Rupien pro Fahrt. Lal Agha sagt: »Das wäre so, als ob ich meine eigene Frau verkaufen würde.«

Also fährt Lal Agha weiter mit seiner Rikscha durch die Basars, knattert an den Busbahnhöfen vorbei, wartet abends vor den Kinos auf Kunden. Neulich hat er in der Zeitung gelesen, daß Osama bin Laden inzwischen zurückgekehrt sei nach Tora Bora. Die Taliban und ihr arabischer Freund haben das Lager zur Ausbildung ihrer Terrorkämpfer genutzt. Jetzt aber bombardieren die Amerikaner Tora Bora – zwanzig Jahre, nachdem der »Commander« Lal Agha in den Bergen bei Dschalalabad gegen die Sowjets gekämpft hatte und der Araber Osama bin Laden sein Vorbeter war.

12.10.2001

Aufatmen nach dem Schleierfall

Die neue Freiheit hat auch in Afghanistans Provinz Einzug gehalten – sie kam mit Lippenstiften, Videofilmen und klappernden Scheren im Schlepptau

Die Freiheit kommt aus China, sie kostet fast nichts und sie wurde lange vermißt. Lippenstifte in allen Farben liegen in den Auslagen von Nasir Mohammeds Laden, Make-up und Rouge. Nasir Mohammed hat ein Damenfachgeschäft – wenn man seine einfache Bude im Basar von Talokan so nennen kann. Rüschenbeladene Hochzeitskleider in Rosa und Gelb, Kosmetika und Büstenhalter, Schuhe und Lockenwickler, Nachthemden aus Nylon. Fast alles billige Ware aus China oder Pakistan. Nasir Mohammed sagt: »Die Frauen bei uns sind glücklich. Sie kommen wieder in meinen Laden und sie kommen allein. Sie sind wieder frei.«

Die Freiheit in Talokan – das ist das Klappern der Scheren der Barbiere, das Plärren der Radios und Kassettenrekorder, das sind die Lippenstifte und das Rouge in den Auslagen von Nasir Mohammeds Geschäft. Nicht, daß Talokans Frauen wie früher einfach die *Burka* zurückschlagen würden, wenn sie in Nadir Mohammeds Laden stehen und seine Waren ansehen. Dafür sei es wohl noch zu früh, sagt der Händler: »Die Frauen haben noch immer Angst, daß plötzlich wieder ein Mann mit einem schwarzen Turban kommen könnte, daß ein Taliban auftaucht.« Also schauen

Talokans Frauen weiter durch das kleine Gitterfenster ihres knöchellangen Schleiers auf die Regale mit den Kosmetika und Handtaschen, prüfen im Halbdunkel die Stoffe und das Leder der Waren von Nasir Mohammed und die Farben von seinen Lippenstiften.

Doch die Freiheit für die Frauen in Talokan – das heißt, daß sie überhaupt wieder alleine durch die Straßen und Basare laufen dürfen. Unter der *Burka* natürlich – Frauen in der kleinen Provinzstadt trugen auch schon vor dem Talibanregime immer den Schleier, wenn sie das Haus verließen. Sie werden ihn auch jetzt nicht ablegen. Doch seit die Fundamentalisten vor 14 Monaten in die nordafghanische Stadt gekommen waren, hatte keine Frau überhaupt mehr ohne einen erwachsenen, männlichen Begleiter aus dem Haus gehen dürfen. Kein Schritt war möglich in der Öffentlichkeit ohne Ehemann oder Bruder. Selbst dann nicht, wenn es in Nasir Mohammeds Laden mit den Büstenhaltern und Lippenstiften ging.

In Talokan hat aber nicht nur für die Frauen eine neue Zeit begonnen – die Zeit nach den Taliban. Amanullah, der Friseur und Barbier, hat am Tag nach der Flucht der Taliban das Geschäft seines Lebens gemacht: siebzig Kunden nacheinander, dreieinhalb Millionen Afghani in der Kasse und weitere Kunden in Aussicht. Amanullah klappert mit der Schere und sagt: »Wenn endlich auch die Nachbarstadt Kunduz von unseren Soldaten erobert ist, lassen sich auch die Letzten hier den Bart schneiden. Dann sehen selbst die Angsthasen unter uns keinen Grund mehr, eine Rückkehr der Taliban in unsere Stadt zu befürchten.«

Amanullah wird diese Tage für immer in Erinnerung behalten: Wann verdient ein Friseur in Talokan schon knapp fünfzig Euro an einem Tag, das Zehnfache eines normalen afghanischen Monatslohns? Wann stellen sich schon fast alle Männer einer Stadt geschlossen vor den Friseurläden an, um sich die bis zur Brust reichenden Bärte stutzen zu lassen? Wann endet schon ein verhaßtes Regime innerhalb von Stunden, wann bricht schon eine religiöse Diktatur wie ein Kartenhaus zusammen, wann endet schon der Terror, ohne daß viele Schüsse fallen, daß Blut in Strömen fließt?

Amanullahs Kunden werden diesen Tag ebenso wenig vergessen. Kein Mann in Talokan muß mehr befürchten, daß ihm irgendein Talibanpolizist mitten auf der Straße an den Bart greift, daß er nachmißt, ob das Barthaar auch eineinhalb Handspannen lang ist, wie es das Fundamentalistenregime in seiner kruden Auslegung des Islam vorgeschrieben hatte. Keine Peitschenhiebe mehr für die wenigen Wagemutigen, die heimlich Musik gehört hatten oder Videofilme sahen. Keinen Ärger mehr für Händler, die Bücher verkauft haben oder einfache Zahnpastatuben, auf denen menschliche Gesichter abgebildet waren: Jede Form der bildlichen Darstellung von Lebewesen war verboten bei den Taliban, jedes Foto auf jedem Buchumschlag mußte überklebt, jedes Gesicht auf einer Seifenpackung übermalt werden. Said Ullah, der ein kleines Fotogeschäft betreibt, hat als erstes jede Menge Fotos an die Wände seiner Regale und Vitrinen geklebt – Fotos seiner Familie, Fotos seiner Freunde, Fotos von Menschen.

»In der Talibanzeit habe ich oft keinen einzigen Afghani am Tag verdient. Fotografieren war verboten. Die einzigen Fotos, die ich machen durfte, waren Paßbilder.«

Auch am Kiosk von Abdul Nasir standen die Kunden Schlange, jeder wollte Kassetten kaufen, mit indischen Liebesliedern oder mit afghanischer Volksmusik. Die Richtung war wohl ziemlich egal nach 14 Monaten ohne Musik: »Ich habe an einem einzigen Tag fünfzig Kassetten verkauft.« Abdul Nasir hatte seine Tonbänder in den langen Monaten der Talibanherrschaft zu Hause versteckt gehabt, hatte nur ab und an für Freunde ein Band kopiert, eine Kassette an Bekannte verkauft, heimlich selbst an den Abenden Musik gehört. Der 22jährige wußte, welches Risiko er dabei einging: In der Talibanzeit waren nur Kassetten mit Gebeten oder religiösen Litaneien erlaubt. Für das Musikhören gab es Schläge mit einer breiten Lederpeitsche, in die Metallstücke eingenäht waren. Die Auspeitschungen fanden öffentlich statt, im Stadion, wo nun die uralten Helikopter der Nordallianzarmee landen. Die Taliban zwangen die Bürger, zu den Auspeitschungen ins Stadion zu gehen. Sie schlossen die Läden und trieben die Kunden und Händler in die Arena. Dort gab es auch Exekutionen und Amputationen, bei denen die Ärzte Masken trugen, wenn sie Dieben die Hände abschnitten.

Jetzt aber ist all das vorbei. Die Truppen der Nordallianz stehen seit letzten Sonntag längst nicht nur in Talokan, sie haben kurz darauf sogar überraschend die Hauptstadt Kabul besetzt. Die verhaßten Taliban sind in weniger als vier

Tagen aus fast allen Städten Afghanistans geflohen, können sich nur noch in wenigen Orten im Süden des Landes und in Kunduz im Norden halten.

Der Kampf um Talokan selbst war kurz. Am Nachmittag hatte General Daoud, der Befehlshaber der Nordallianz, seine Truppen vor der Stadt aufgestellt. Daoud habe sich vor dem Angriff mit seinen Offizieren zum Gebet aufgestellt, berichtet eine US-Reporterin, die den afghanischen General als einzige Journalistin bei der Attacke begleitete. Noch während des Gebets seien die ersten Schüsse gefallen. Dann aber seien die Taliban innerhalb weniger Minuten Hals über Kopf einfach aus ihren Stellungen geflohen. Gegen 18 Uhr abends wurden Daoud und seine Soldaten von den jubelnden Menschen in Talokan begrüßt. Wie meistens in den afghanischen Kriegen hatte nicht allein die Kampfkraft die Schlacht entschieden: Ein wichtiger Kommandant der Taliban war übergelaufen zu General Daoud. Wahrscheinlich war viel Geld bezahlt worden, wie es üblich ist in diesem Land.

Doch danach fragt nun keiner mehr. Jetzt patroullieren die Soldaten der Nordallianz durch die Stadt, Panzer rollen durch die Straßen, lachende Kämpfer sitzen in den Kebabbuden. Aber noch ist der Sieg nicht endgültig. In Kunduz, einer Stadt knapp hundert Kilometer westlich von Talokan, halten sich angeblich einige zehntausend Taliban verschanzt. Sie waren aus all den innerhalb von nur drei Tagen gefallenen Städten des Nordens nach Kunduz geflohen. Unter ihnen sollen Tausende der gefürchteten arabischen und tschetschenischen Kämpfer sein, Männer, die zu Osama bin Ladens Terrororganisation al-Qaida gehören, zum Töten ausgebildet worden sind und nun nichts mehr zu verlieren haben. »Diese Ausländer«, fürchtet ein Angehöriger der Nordallianzregierung, »werden bis zum Ende kämpfen. Sie können nicht nach Hause. Sie können auch sonst nirgendwo hin. Und sie glauben, daß sie ins Paradies kommen, wenn sie kämpfend sterben.«

Für einige der Ausländer ist es zu spät, den Heldentod zu sterben. Ewas Mohammed, der Polizeichef von Talokan, hat drei Taliban in seinem Gefängnis. Einer ist Pakistaner, das weiß er. Aus den anderen beiden hat er noch nicht herausbekommen, woher sie stammen. Der Polizeichef sagt: »Der eine ist ein Araber, der andere wohl ein Usbeke. Das sind bin Ladens Leute.«

Es ist eine absurde Szene, die sich in dem Gefängnis abspielt: Der angebliche Usbeke sitzt im Staub, schlägt die Hände vors Gesicht, weigert sich zu sprechen, stammelt arabische Sätze aus dem Koran. Ewas Mohammed sagt: »Dieser Mann spielt nur den Verrückten. Er will mir nicht sagen, wie er heißt und woher kommt.« Der angebliche Araber hingegen behauptet, er sei ein Afghane, obwohl er kein Paschtu spricht – eine der beiden Sprachen des Landes. Der Mann weiß, daß er mit dem Schlimmsten, mit seiner Hinrichtung rechnen muß: »Der Koran sagt, wenn der Tod kommt, dann kannst du nicht weglaufen. Alles, was mit mir geschieht, ist mein Schicksal.«

Für alle anderen in Talokan aber ist es eine Zeit der Freude. Mohammed Tahir, ein Mann aus dem Basar sagt: »Ich war noch nie in meinem Leben so glücklich. Die USA und die anderen Staaten haben entschieden, daß die Taliban verschwinden müssen und das ist nun passiert. Jetzt fühle ich mich frei. Ich hoffe, daß wir nun eine gute Regierung bekommen.«

15.11.2001

Hinter den Gittern der Sieger

Er wurde in England geboren, er wollte ein Held werden und kämpfte mit den Taliban – jetzt darbt Anwar Khan seit fünf Jahren an einem Höllenort

Das Qualvollste sind die Morgenstunden. Wenn Anwar Khan Durrani aufwacht, sich den Weg zwischen den auf dem Boden liegenden Zellengenossen bahnt, aus dem stickigen Verschlag tritt und mit zerschlagenen Gliedern im Hof steht. Wenn die Sonne über den schroffen Bergrücken aufsteigt, die Blätter der wenigen Bäume auf den Hängen zum Leuchten bringt und die Silhouetten der Wächter mit ihren über die Schulter gehängten Gewehren sich klar gegen den strahlend blauen Himmel abzeichnen. Wenn die ersten Geräusche und Stimmen auf der anderen Seite der Mauer zu hören sind. Dann weiß Anwar Khan Durrani, daß ein weiterer verlorener Tag in seinem Leben begonnen hat. Ein weiterer Tag in einem Hof, fünfzig mal fünfzig Meter, umgeben von fünf Meter hohen Mauern, deren vier Ecken bullige Wachtürme krönen. Ein weiterer Tag zwischen mehr als zweihundert verzweifelten, kranken, gebrochenen Männern. Ein weiterer Tag hinter einem großen, verschlossenen Tor, weit weg von Burnley, Großbritannien. Ein Tag in Andsches in Afghanistan.

Andsches ist das größte Gefängnis der afghanischen Nordallianz. Hier, in einem Lehmfort an der tadschikischen Grenze, halten die Anti-Talibankämpfer mehr als zweihundert ihrer Kriegsgefangenen fest. Wenn sich das Holztor zum Innenhof des Gefängnisses öffnet, bietet sich Einblick in eine Hölle: Die Männer, zusammengepfercht wie Vieh auf einer Fläche, halb so groß wie ein Fußballfeld. Beißender Uringeruch liegt in der Luft, schwarzer Rauch steigt aus primitiven Öfen, ein brackiges Rinnsal fließt durch den Hof – hier waschen sich die Männer, hier holen sie ihr Trinkwasser, hier kochen sie ihr Essen. An einer Seite steht der Wohnblock mit kleinen Lehmhütten. 15 bis zwanzig Mann drängen sich in den niedrigen Zellen von zwei mal vier Metern. Es gibt weder Betten noch Strom, keine warmen Kleider, nicht ausreichend zu essen. Nur ein paar zerschlissene Teppiche liegen auf dem festgestampften Lehmboden, auf dem die Gefangenen eng aneinander gedrängt sitzen, essen, und schlafen. Viele haben längst Malaria, Tuberkulose oder Durchfall. Drei sind innerhalb eines Jahres gestorben. Weitere werden folgen: »Die meisten von uns haben keine Decken für den Winter und der Arzt hat keine Medikamente«, sagt Anwar Khan. »Viele warten einfach nur noch darauf, hier zu sterben.«

Von Abdul Bashir, dem Kommandanten, können Anwar Khan Durrani und seine Leidensgenossen kein Erbarmen erwarten. Wenn der Kommandant durch das Tor ins Gefängnis tritt, bindet er sich ein Tuch vor den Mund, um sich vor dem Gestank und den Tuberkulosekeimen in der Luft zu schützen. In den Männern hinter der Lehmmauer sieht der hoch gewachsene Abdul Bashir »unsere Feinde«, Menschen, denen er kein Mitleid zu schulden glaubt. Die gefangenen Taliban sind nur nützlich als Pfand, das getauscht werden kann, um eigene Soldaten der Nordallianz freizukaufen. Wer nicht ausgetauscht wird, für den öffnet sich das Tor von Andsches nicht: »Wir behalten die Gefangenen hier, bis der Krieg endet. Wenn der Krieg noch fünfzehn Jahre dauert, behalten wir sie fünfzehn Jahre hier.«

Anwar Khan. Einer von mehr als zweihundert Männern mit einem Turban und einem seit langem nicht mehr geschnittenen Bart, mit ausgezehrtem Gesicht und in verschmutzten, abgetragenen Kleidern. Das einzige, was Anwar Khan von seinen Leidensgenossen unterscheidet, ist sein Akzent: Anwar Khan spricht ein fehlerfreies Englisch. Er ist britischer Staatsbürger, geboren in Burnley bei Manchester.

Ein britischer Taliban mit einem britischen Paß – als die BBC über Anwar Khan berichtete, gab es einen Aufschrei der Empörung. Ein Brite, der an der Seite der Fundamentalisten kämpfte, ein Junge aus Burnley, der ein Regime gestützt hat, das Menschen öffentlich hinrichtet, Dieben die Hände oder Füße amputiert und die Frauen unter die *Burka* zwingt. Ein Junge, erzogen mit dem Geld britischer Steuerzahler, der sein Leben für die Steinzeitislamisten in Kabul riskiert, während Großbritanniens Premierminister Tony Blair einer der Vorreiter einer bedingungslos harten Haltung gegen das Talibanregime ist und britische Bomben auf Afghanistan fielen.

Wie der Brite Anwar Khan Durrani an diesen Ort gekommen ist, läßt sich kaum erklären und noch weniger verstehen. Ein junger Mann will seinem in England durch Drogen und Kriminalität verpfuschten Leben einen Sinn geben und sucht diesen bei den Taliban in Afghanistan. Wenn all das stimmt, was Khan erzählt, dann währte die wahnwitzige Sinnsuche nicht lange. Gerade einmal drei Tage hatte er den Heiligen Krieg der afghanischen Fundamentalisten gekämpft, hatte er mit seiner Kalaschnikow im Schützengraben gesessen, als ihn die Soldaten der Nordallianz auch schon gefangen nahmen. »Die Taliban hatten mich schon am ersten Tag in die vorderste Linie geschickt. Am dritten Tag kam der Angriff. Ich konnte mich nicht verteidigen – alles ging so schnell.« Das war vor fast fünf Jahren. Seitdem vegetiert Anwar Khan in den Gefängnissen der Nordallianz. Nach seiner Gefangennahme wurde Anwar wochenlang verhört und geprügelt, dann von Gefängnis zu Gefängnis gereicht. Er lebte in winzigen Zellen zusammengepfercht mit Dutzenden anderer Talibankämpfer. Seit einem Jahr ist er in Andsches, schaut Tag für Tag über die Lehmmauern des Forts auf die kahlen Berge des Pamirgebirges und weiß, daß jede Hoffnung auf baldige Freiheit Illusion ist. Anwar Khan ist viel zu wertvoll für einen Gnadenakt der Nordallianz: Der Mann mit dem britischen Paß ist der lebende Beweis dafür, daß Ausländer in den Reihen der Taliban kämpfen. Auch der Gedanke an Flucht ist sinnlos. Der Gefängniskommandant sagt nur: »Von hier ist noch keiner weggelaufen. Wo sollte er auch hin, hier mitten in den Bergen.«

Das Kriegsgefangenenlager Andsches liegt vier bis fünf Stunden von der nächsten Stadt entfernt. Der Weg führt mit dem Jeep durch steile

Schluchten und die Furten reißender Gebirgsbäche, dann geht es auf Eseln weiter und zu Fuß. Ganz am Ende einer engen Schlucht an der tadschikischen Grenze hält die Nordallianz ihre gefangenen Taliban fest: Afghanen, Pakistaner und Anwar Khan Durrani, den Briten.

Hätte irgendwer Anwar Khan vor fünf Jahren gesagt, daß er einmal an solch einem Höllenort enden würde, er hätte nur ein Lachen gehört. Anwar Khan war ein cooler Jugendlicher, der die Nächte in den Diskotheken und Nachtclubs von Burnley bei Manchester verbrachte und sein Geld für Mädchen, Zigaretten und Ecstasytabletten ausgab. Hashim Khan, der Vater, hatte versucht, seinen Sohn als frommen Muslim zu erziehen. »Er gab sich alle Mühe, alle schlechten Dinge von uns fern zu halten«, sagt Anwar Khan. »Für ihn war unser Leben Schule und Moschee.« Der Sohn suchte sich bald andere Fixpunkte im Leben, als fünfmal am Tag zu beten, Vater und Mutter zu ehren und in England die Traditionen des fernen Pakistan zu leben: »Es ging um Hugo-Boss-Klamotten und Reebok-Schuhe, um Clubs und Musik«, sagt Anwar Khan. Und es ging um Drogen und schnelles Geld.

Anwar Khans Lebensgeschichte in Stichworten: 27 Jahre alt, geboren als Sohn pakistanischer Einwanderer, aufgewachsen in Stony Home, dem Ausländerviertel von Burnley. Der Vater war vor fünfzig Jahren nach England gekommen, hatte sich hochgearbeitet von der Knochenarbeit in den Docks in Liverpool bis zum eigenen Geschäft in Burnley. Der alte Hashim Khan war in den langen, harten Jahren wohlhabend geworden in England, mit dem Herzen aber immer in Pakistan geblieben. Seine vier Söhne und die Tochter durften zu Hause kein Englisch sprechen: der Vater wollte in den eigenen vier Wänden nur seine Muttersprache Paschtu hören.

Irgendwann müssen die Reize von Burnley stärker geworden sein als die Wertvorstellungen des alten Mister Khan. Anwar fängt an mit Drogen, bricht die Schule ab, sticht im Streit einen Mann nieder. Der Vater schickt ihn zum Arbeiten zu einem Onkel nach Hongkong. Der Junge hat auch dort mehr mit Drogen zu tun als mit dem Geschäft des Onkels. Zurück in England, landet er für einige Monate im Gefängnis – wegen Drogen. Der Vater hofft, Frau und Kind könnten den Sohn zur Besinnung bringen, verheiratet ihn, schenkt ihm ein kleines Haus. Wieder verkauft Anwar Khan Rauschgift, diesmal, so sagt er, »um meine Familie zu ernähren. Ich wollte auf eigenen Beinen stehen, meine Frau und meinen Sohn ernähren.«

Wahrscheinlicher ist, daß Anwar Khan einfach keine Lust mehr hatte, weiter für ein paar Pfund Sterling im Fast-Food-Geschäft seines Bruders zu arbeiten und scharf gewürztes pakistanisches Essen von Tür zu Tür zu fahren. »Ich nahm Haschisch und Kokain und war am Ende so oft high, daß ich nicht mal mehr mein Geburtsdatum wußte.« Der Vater bricht mit dem Sohn, spricht nicht mehr mit ihm: »Nach einiger Zeit ließ er mir über meine Schwiegereltern ausrichten, ich solle in seine Heimat Pakistan gehen und dort zu mir finden.« Anwar Khan geht nach Peschawar, eine Stadt nahe der afghanischen Grenze. Dort besucht er eine *Madrassa*, eine jener Koranschulen, aus denen die Taliban ihre Kämpfer rekrutieren. Der junge Mann aus Burnley hört die Predigten der pakistanischen Fundamentalisten, betet mit den politisierenden Mullahs, liest die Aufrufe zum Heiligen Krieg. Die aufgeheizte Stimmung in der Talibanhochburg Peschawar zeigt Wirkung: Anwar Khan sieht die langen Listen der Freiwilligen, die nach Afghanistan zum Kämpfen gehen, spricht mit den Verletzten, die von der Front zurückgebracht werden: »Die Verwundeten, die nach Pakistan zurückkamen, waren für mich Helden.«

Khan will sich das Talibanland ansehen. Er fährt mit Freunden nach Kabul. Das Ganze ist längst weniger Sinnsuche als Abenteuerlust: »Afghanistan war aufregend. Die Landschaft, die Waffen, die von den Einschüssen zernarbten Häuser.« In Kabul lernt der junge Mann aus Burnley mit der Kalaschnikow und der Panzerfaust zu schießen, bedient Flugabwehrgeschütze und Granatwerfer, wird ein Talibankämpfer. Vierzig Tage sollte das Training dauern. Schon nach zwanzig Tagen fragt ihn einer seiner Ausbilder, ob er sich nicht die Front ansehen wolle. »Natürlich wollte ich die Front sehen. Ich dachte, ich schieße ein paar Panzer ab, werde ein Held und gehe nach Haue. Also sagte ich ja. Damit endete mein Abenteuer.«

Drei Tage an der Front, drei seiner Freunde bei den Kämpfen getötet, er selbst in Gefangenschaft geraten: Nachdem die Antitalibankämpfer Anwar aus dem Schützengraben gezerrt haben, wird er verhört, geprügelt, von Verlies zu Verlies geschleppt. Fast vier Jahr dauerte das Martyrium, dann landete er hinter den hohen Mauern des Bergforts von Andsches.

Dort besteht sein Tag aus vier Stück Brot und einem Teller Reis, aus dem Blättern in einem Dutzend von ihm längst gelesener Bücher und der Hoffnung, ab und an von seinen Wächtern zum Holzsägen vor das große Tor kommandiert zu werden: »Das ist die einzige Abwechslung hier. Mich holen sie selten.« Von dem, was in der Welt jenseits des Talkessels von Andsches passiert, weiß Anwar Khan nichts. Weder hat er von den Terroranschlägen von New York gehört noch von den Angriffen der Amerikaner auf die Taliban. Und das, obwohl die Front, an der die US-Bomben fallen, kaum sechzig Kilometer entfernt ist und Anwar Khan wahrscheinlich ab und an einen der US-Bomber oben am Himmel weiße Kondensstreifen hinter sich her ziehen sieht. »Wie sollen wir wissen, was da draußen vorgeht? Wir sitzen hier zwischen diesen vier verdammten Bergen und haben längst vergessen, welcher Tag es ist.«

Nicht einmal nach Hause schreiben kann Anwar Khan. Das Internationale Rote Kreuz darf die Gefangenen von Andsches nicht betreuen – die Führung der Nordallianz hat es abgelehnt. Keine Betreuung durch das Rote Kreuz, das heißt, keine Briefe, kein Kontakt zur Familie, zu den Eltern, der Frau, dem Sohn. Und Gefängniskommandant Abdul Bashir macht sich wenig Gedanken über das Rote Kreuz und den international garantierten Umgang mit Kriegsgefangenen. Was er von der Genfer Konvention weiß, kann er in einem einzigen kurzen Satz zusammenfassen: »Wir sollen die Gefangenen streng bewachen, aber wir dürfen sie nicht töten.«

Warum Anwar Khan in den Krieg der Taliban gezogen ist, wird der Kommandant sowieso nicht verstehen. Abdul Bashir kämpft, seit er 14 Jahre alt ist: Erst gegen die Sowjets, später gegen die Taliban. Im Gegensatz zu Anwar Khan war der Griff zur Waffe für ihn kein Abenteuer, sondern der Kampf ums eigene Überleben. Mitleid mit einem, der aus Langeweile und Abenteuerlust von England nach Afghanistan kam, ist von Abdul Bashir nicht zu erwarten. Was die Zukunft von Anwar Khan angeht, so sagt der Gefängniskommandant nur: »Er ist unser Gefangener. Selbst die britische Regierung kann diesen Mann nicht hier wegholen. Er gehört uns.«

16.11.2001

Hinter den Gittern der Erniedrigung

Eine Witwe wurde zum Betteln gezwungen, zwei junge Frauen konnten nur illegal Englisch lernen – fünf Schreckensjahre haben ihre Spuren hinterlassen

»Es ist so, wie wenn man eine Blume besitzt, eine Rose. Man gießt sie und behält sie im Hause, um sie anzusehen und daran zu riechen. Eine Frau darf nicht aus dem Haus gelassen werden. Dort könnten alle an ihr riechen.«

Der frühere Talibanminister
SAYED GHAISUDDIN

Dies ist die Geschichte von Samia, Sunila und Pari und den fünf verlorenen Jahren. Sie erzählt vom Leben dreier Frauen aus Kabul in der Zeit eines ebenso unmenschlichen wie absurden Gottesstaats, vom täglichen Überlebenskampf und vom kleinen Widerstand sowie der Hoffnung, daß nun alles besser wird. Samia Hasas und Sunila Hamidi sitzen an diesem Vormittag in einem Haus im Kabuler Stadtteil Cheir-Chaneh, es ist der zehnte Tag nach dem Ende des Talibanregimes. Vor ihnen steht ein Tablett mit Tee, Rosinen und Keksen, und wäre es nicht Ramadan, so hätten sich die beiden jungen Frauen wohl die Fingernägel lackiert und die Lippen geschminkt. Samia und Sunila sagen: »Wir sind so glücklich, daß die Taliban weg sind. Wir wollen endlich wieder an die Schule und die Uni. Wir wollen etwas lernen.«

Pari hingegen, die keinen Nachnamen hat, steht vor einem schäbigen Lehmhaus mit herausgebrochenen Fensterscheiben und scheucht mit ausgebreiteten Armen und ruckartigen Schritten die Hühner des Nachbarn von dem löchrigen Bettzeug, das sie im Hof zum Lüften ausgebreitet hat. Pari mit ihrer ledernen Haut, dem verhärmten Gesicht und den abgearbeiteten, schwieligen Händen hat wahrscheinlich noch nie einen Lippenstift besessen. Sie weiß nicht einmal, wie alt sie ist: »Vielleicht 31, vielleicht 35, was zählt das schon?« Pari sagt: »Ich hoffe, daß ich nun wieder arbeiten kann, um meine acht Kinder zu ernähren. Das Betteln ist doch nichts als eine Schande.«

Sunila, Samia und Pari, drei Frauen aus Kabul. Sunila und Samia, die 19jährige Schülerin und die 26jährige Studentin, stammen aus guten Familien; Sunilas Vater ist Anwalt, Samias Vater war ein Offizier. Afghanischer Mittelstand – soweit es so etwas wie Mittelstand noch gibt in diesem Land nach mehr als zwanzig Jahren Krieg. Der Witwe Pari, die weder lesen noch schreiben kann, sind die beiden Freundinnen sicher nie begegnet. Wie sollten sie auch? Pari lebt in Bibi-Mahru, einem Slum am zerbombten Flughafen von Kabul, wo es keine Kanalisation gibt und keine gebügelten Kleider und keine Kekse. Die Witwe und ihre acht Kinder leben von altem Brot, das sie auf den Straßen Kabuls zusammenbettelt, und von den paar Afghani, die ihr Passanten in die Hand drücken oder vor die Füße werfen. Selbst wenn die Freundinnen aus Cheir-Chaneh die Frau aus den Slums von Bibi-Mahru einmal gesehen haben sollten im Zentrum der Stadt, wo Pari Tag für Tag die Hand unter ihrer abgerissenen *Burka* herausstreckt und um Almosen bittet, könnten sie sich kaum erinnern: »Unter der *Burka* erkennt man nicht einmal die eigene Mutter.«

Was Samia, Sunila und Pari miteinander verbindet, sind zwei Daten und die lange, bleierne Zeit, die zwischen ihnen liegt. Das erste Datum ist der 26. September 1996 – der Tag, an dem die Taliban nach Kabul kamen. Er markiert einen Einschnitt im Leben dieser drei Frauen, wie er tiefer und brutaler kaum vorstellbar ist. Sunila sagt: »Unser Leben änderte sich schlagartig, innerhalb von 24 Stunden. Ich hatte zwar gewußt, daß die Taliban die Frauen hassen. Aber ich hätte nie geglaubt, daß sie ihr brutales Regime auch in Kabul einführen würden.« Die Studentin Samia hatte vor diesem 27. September nie eine *Burka* getragen: »Die *Burka*, das war doch für die Frauen auf dem Land. An der Uni trug das keine von uns.« Und die Witwe Pari sagt: »Für die Taliban gab es nur zwei Orte, an die die Frauen gehören: ins Haus oder gleich ins Grab. «

Das zweite Datum, das die drei Frauen verbindet, ist der 13. November 2001. Er symbolisiert eine Chance – es war der Tag, an dem die Taliban vertrieben wurden aus Kabul, verjagt von der Nordallianz und den US-Bombern. Es war der Tag, an dem sich völlig unerwartet wieder eine Zukunft eröffnet hat für Samia, Sunila und Pari. Samia und Sunila sagen: »Wir haben nicht damit gerechnet, daß dieses System irgendwann einmal zusammenbricht. Jetzt müssen Frauen wieder studieren und wählen können und in der Regierung sitzen.« Und Pari, deren Kinder nicht einmal lesen und schreiben können und in der Talibanschule nur ein paar Koranverse auswendig gelernt haben? Sie sagt: »Es wäre schön, wenn meine Kinder Ingenieur werden könnten. Oder vielleicht noch besser Arzt.«

Um zu begreifen, was die Herrschaft der Taliban für Afghanistans Frauen bedeutete, muß man Samia, Sunila und Pari ihre Geschichten von Anfang an erzählen lassen. Pari ist eine der rund zwanzigtausend Witwen in Kabul, denen die Taliban wie allen anderen Frauen des Landes von einem Tag auf den anderen jede Arbeit verboten hatten. Die Witwen traf es am härtesten: Ohne einen Mann, der Geld verdiente, waren sie zum Betteln und Hungern verdammt. Meist Mütter von fünf, sechs oder acht Kindern, kauerten Frauen wie Pari unter der *Burka* in Kabuls Rinnsteinen, hielten vor Moscheen, Büros oder dem Basar schweigend die Hand auf. Wer Glück hatte, bekam von den internationalen Hilfsorganisationen eine tägliche Brotration. Pari bekam keine: »Ich kenne niemanden unter den afghanischen Mitarbeitern dieser Hilfswerke. Und ohne Beziehungen kommt man nicht an die Bezugskarten heran.« Pari lebt in einem einzigen Zimmer mit ihren acht Kindern zur Untermiete. Die paar Kleider und Töpfe sind in Säcken an der Wand aufgestapelt, die Betten macht sie aus Decken und Kissen auf dem nackten Fußboden. Ein kaltes Loch mit Zellophan statt Glas vor den Fenstern, für fünfzigtausend Afghani Miete im Monat. Das ist ein Euro fünfzig und damit viel Geld für Pari. Zu essen gibt es wenig: »Wir haben ein, zwei Mal die Woche gar nichts zu essen.«

Pari hat auch an diesem Morgen wieder gebettelt, sie hat einen kleinen Beutel mit abgekauten Brotrinden zusammengesammelt. Aus ihrer Sicht hat sich das Leben seit dem Abzug der Taliban bereits verbessert: »Das Brot ist von den Soldaten. Die Soldaten der neuen Regierung geben uns wenigstens ihr altes Brot. Die Taliban gaben uns gar nichts.«

Nun sind Not und Leid auch eine Frage der Perspektive. Samia und Sunila haben nicht gehungert in den Jahren der Taliban. Samia hat einen Bruder, der in Europa lebt und Geld schickt, Sunilas Eltern haben ein Stück Land, sie haben es verpachtet. Trotzdem hat die bleierne Talibanzeit Samia und Sunila nicht weniger hart getroffen als die Witwe Pari. Sie sind zwei von Millionen afghanischer Frauen und Mädchen, denen die Fundamentalisten von einem Tag auf den anderen verboten hatten, zur Schule zu gehen oder die Universität zu besuchen: verdammt, tagein tagaus untätig im Haus zu sitzen, ein Leben in Unwissenheit vor sich, mit keinerlei Hoffnung auf Besserung. So, wie es aussah, waren Samia und Sunila zu einem Leben verurteilt, das eine US-Politikerin so beschrieben hat: »Den Frauen bleibt ein Untermenschendasein, nützlich nur als Arbeitssklaven im Haus.«

Am 26. September 1996 waren die Talibankämpfer mit den schwarzen Turbanen in ihren Pick-up-Trucks in die Stadt Kabul geströmt, hatten alle wichtigen Plätze und Gebäude besetzt.

Schon am selben Tag hörten Samia und Sunila im Radio, was sie erwartet: »Es hieß, daß Frauen das Haus ab sofort nur noch verschleiert verlassen dürften und nur, wenn unbedingt nötig. Und immer mußte uns ein männlicher Verwandter begleiten.« Sunila mußte die Schule abbrechen, Samia konnte nicht mehr zur Fakultät für islamisches Recht gehen: Die Tore von Schulen und Universitäten schlossen sich noch am selben Tag für Kabuls Frauen. Jede Arbeit außerhalb des Hauses war ihnen verboten. Mit einem Schlag hatten die Schulen keine Lehrerinnen mehr. Es fehlte an Ärztinnen und Krankenschwestern. Die Verwaltung brach zusammen, das Gesundheitssystem kollabierte.

Daß die Welt Sturm lief gegen den mittelalterlich wirkenden »Gottesstaat«, beeindruckte die Machthaber in Kabul nicht. Immer neue »Frauengesetze« wurden erlassen. »Frauen sollen sich würdevoll verhalten, sich leise bewegen und nicht mit den Absätzen geräuschvoll auf dem Boden auftreten«, wurde verfügt. »Männer dürfen Frauen nur ärztlich behandeln, wenn diese in Begleitung eines Familienangehörigen kommen und der Arzt nur die von der Krankheit direkt betroffenen Körperteile sieht.« Oder: »Schneider dürfen nicht die Körpermaße von Frauen abmessen.« Und: »Frauen dürfen nicht mehr am Fluß Wäsche waschen. Sollten sie es doch tun, sind sie nach Hause zu bringen und ihre Männer hart zu bestrafen.«

Und so ging es weiter. Immer neue Regeln, immer härtere Strafen. Samia und Sunila hörten die ewigen Durchsagen im Radio, das Fernsehen war längst abgeschafft. Musik wurde verboten, lautes Lachen konnte bestraft werden. Frauen wurden gesteinigt wegen angeblichen Ehebruchs, geschlagen wegen »anzüglicher Kleidung« unter der *Burka*. Einer Frau wurde die Daumenspitze abgeschnitten, weil sie sich die Nägel lackiert hatte. Die zur Straße weisenden Fensterscheiben der Häuser mußten mit Farbe gestrichen werden – Passanten hätten die Frauen im Inneren sehen können. Sogar das Tragen weißer Schuhe stand auf dem Frauenindex – die Taliban fanden immer eine passende Stelle im Koran.

Irgendwann entschlossen sich Samia und Sunila, dem Talibanstaat auf eigene Weise Widerstand zu leisten: »Die ersten zwei Jahre saßen wir zu Hause untätig herum«, sagt Sunila. »Dann beschlossen wir, Englisch zu lernen.« Ein Verwandter von Samia gab den Mädchen Unterricht. Dreimal die Woche kamen sie in sein Haus, immer zu anderen Zeiten, immer auf anderen Wegen, nie mit derselben *Burka* bekleidet. Zur Schule zu gehen, das war gefährlich: Kabul war voll von Spitzeln, die Taliban wußten von den Untergrund- und Nachbarschaftsschulen für Frauen. Auf Unterricht standen Peitschenhiebe oder sechs Monate Haft – für Lehrer und Schülerinnen. Gefängnis aber ist in Afghanistan die größte Schande für eine Frau, in der Haft drohen Vergewaltigung und damit der Verlust der Ehre. Am Ende wären Sunila und Samia fast aufgeflogen, einer der vielen Spitzel hatte ihren Lehrer gewarnt: »Ich weiß, daß du illegale Dinge tust.« Doch da war der Talibanstaat schon fast am Ende, wenige Tage später erschienen die ersten amerikanischen Bomber über Kabul.

Pari, die Witwe, hat nichts gelernt in den langen Jahren der Talibanherrschaft – außer dem nackten Überleben. Als die Fundamentalisten kamen, ahnte sie nicht, was sie erwartete. »Ich wußte nur, daß sie Turbane tragen, lange Bärte haben und die Frauen schlagen.« Rasch lernte die Witwe mehr über die neuen Herren von Kabul: »Ohne Arbeit war Betteln der einzige Weg, zu überleben. Aber selbst dann beleidigten sie uns, schlugen und traten uns, wenn sie uns auf der Straße sahen.« Das Schicksal von Kabuls Witwen hatte weltweit für Empörung gesorgt, Regierungen aus aller Welt setzten die Taliban unter Druck, erfolglos. Die Fundamentalisten verstanden die Aufregung nicht. Einer der Minister reagierte mit Fassungslosigkeit: »Warum macht man so viel Aufhebens um eine so kleine Zahl von Menschen?«

Pari ist eine aus dieser »kleinen Zahl«, für sie wurde das Leben unter den Taliban zur Hölle. Von früh bis spät war sie auf der Straße, bettelte, las vor den Garküchen die Reste auf. Nicht, daß sie vorher verwöhnt worden wäre vom Leben. Sie ist die Tochter eines Bauarbeiters vom Land, der ihr sagte, die Schule sei Teufelszeug für Mädchen und der sie später ungefragt mit dem Nachbarn seiner zweiten Tochter verheiratete. Pari kennt es nicht anders, als daß die Frau Besitz des Mannes ist. Paris Ehemann schleppte die schweren Getreidesäcke der Basarhändler Kabuls auf dem Rücken, bis das Geld reichte für einen primitiven Lastkarren. Der Karren, mit dem der Mann nun die Säcke und Kisten der Händler schob, statt sie zu tragen, war ein sozialer Aufstieg. Für Paris

Verhältnisse jedenfalls. Wäre ihr Mann nicht erschossen worden in den Wirren des Bürgerkriegs, hätte er seine Familie wohl einigermaßen ernähren können mit seinem Karren. So aber war es an Pari, das Geld zu verdienen. In ihrer Welt heißt arbeiten, die Wäsche anderer Menschen zu waschen oder die Böden fremder Leute zu putzen. Dies garantierte ihr und ihren acht Kindern ein Leben. Bis die Taliban kamen.

Deren Herrschaft war selbst für Afghanistan etwas Neues, für ein Land also, in dem Frauen bei weiten Teilen der Bevölkerung nicht mehr wert sind als das Vieh im Stall und von den Männern als »nagis-i aql« bezeichnet werden, als »dumm von Geburt an«. Wird ein Sohn geboren, feiert man ein Fest. Kommt ein Mädchen zur Welt, nimmt der Alltag seinen Lauf. Der Kampf für die Rechte der Frau war in Afghanistan stets heikel. In den zwanziger Jahren wurde der reformbegeisterte König Amanullah gestürzt; er hatte den Schleier abschaffen und die Mädchen zur Schule schicken wollen. Ende der siebziger Jahre wollten Afghanistans Kommunisten die Mädchen fördern, doch die Mullahs predigten den Widerstand. Nur in der demokratischen Periode nach 1960 und auch in der KP-Zeit ging es besser: 1977 waren 15 Prozent der Abgeordneten Frauen, 1990 zwei Drittel der Lehrkräfte und fast die Hälfte aller Ärzte weiblich. In den Behörden saß auf jedem zweiten Posten eine Frau. Nur: All das galt für die Hauptstadt, auf dem Land blieb alles beim alten. Die *Burka* war normal, in manchen Provinzen ging kein einziges Mädchen zur Schule.

Als die Sowjets und ihr Marionettenregime

aufgegeben hatten, begann die chaotische Herrschaft der Mudschaheddin, der Gotteskrieger. In Kabul war der Bürgerkrieg besonders brutal, Warlords herrschten über Stadtteile und Straßenzüge, Frauen wurden entführt, vergewaltigt, zwangsverheiratet. Trotz des Terrors aber gingen die Frauen zur Schule, zur Uni, zur Arbeit. Ihre Rechte litten, doch Kabul blieb selbst unter den Mudschaheddin etwas Besonderes.

Den Taliban muß die im Bürgerkrieg zerstörte Ruinenstadt deshalb vorgekommen sein wie Sodom und Gomorra, als sie die Mudschaheddin von dort vertrieben: Frauen ohne *Burka*, Frauen in Büros, Frauen als Lehrerinnen. Mädchen wie Samia und Sunila, die lernten und studierten. Ein Talibanpolizist, der sechs Frauen auf offener Straße geschlagen hatte, rechtfertigte dies so: »Die Knöchel waren zu sehen, und ihre Gesichter waren nicht verdeckt. Sie waren halb nackt.«

Die Taliban brachten die Traditionen ihrer Dörfer in die Stadt, vermischten sie mit dem Islam der radikalen Mullahs, in deren Koranschulen sie gelernt hatten – ein absurder Cocktail aus Hinterwäldlertum und Fundamentalismus, auf dem ein Staat aufgebaut werden sollte. Jetzt sind die Fundamentalisten vertrieben, jetzt haben ihre Gegner die Macht, es sind dieselben Mudschaheddin, die vor fünf Jahren in der Hauptstadt herrschten und die Frauen terrorisierten.

Samia, Sunila und Pari, die drei Frauen aus Kabul, tragen weiter die *Burka*. Wenn sie das Haus verlassen, sehen sie die Welt weiter nur durch ein postkartengroßes gehäkeltes Fenster, das die Umrisse der Passanten und der Autos zu

Schemen verzerrt. Pari sagt: »Seit ich eine Frau bin, trage ich die *Burka*. Ich bin noch nie im Leben ohne Schleier auf die Straße gegangen.« Und Samia und Sunila, die wollen, daß die Frauen wählen und arbeiten können? Sie sagen: »Natürlich wollen wir den Schleier ablegen. Aber es ist noch zu früh. Die neue Regierung hat sich noch nicht zu dieser Frage geäußert. Wir warten ab.«

24.11.2001

Auferstanden aus Ruinen

Kein Geld, kein Material, kaum Mitarbeiter: In Afghanistan gibt es nach vielen Jahren wieder eine Tageszeitung und ein Fernsehen

Läge kein Copyright auf der alten Becherhymne, Afghanistans Fernsehen hätte mit »Auferstanden aus Ruinen« die passende Erkennungsmelodie gefunden. Das Sendegebäude eine halbe Ruine, das Filmarchiv zum größten Teil zerstört, die Technik geklaut, die meisten Redakteure und Kameraleute über alle Berge. Dennoch klingt Fernsehdirektor Schamsuddin Hamid euphorisch: »Wir werden hier jetzt unabhängiges Fernsehen machen. Nach 23 Jahren Staats-TV werden wir unser Volk objektiv informieren.«

Ganz gleich, ob unabhängig oder nicht: Fernsehen in Afghanistan, das allein ist eine Revolution nach fünf Jahren Talibanherrschaft. Denn unter den Islamfundamentalisten gab es überhaupt kein TV. Das Afghanistan der Taliban war seit Erfindung der Braunschen Bildröhre der einzige Staat der Erde, der seinen Bürgern das Fernsehen per Verfassung verbot. Für die Taliban waren Film und Foto Gotteslästerung: Der Koran, im Kabuler Gottesstaat Grundgesetz, verbietet die Darstellung von Lebewesen.

Seit die bilderfeindlichen Fundamentalisten von ihren Bürgerkriegsgegnern aus der Hauptstadt vertrieben worden sind, erwachen viele der früher verbotenen Medien zu neuem Leben. Am Montag dieser Woche erschien in Kabul erstmals wieder die Tageszeitung *Anis* – auf dem Titel das Bild einer unverschleierten Frau. Das vor 74 Jahren gegründete Blatt war von den Taliban verboten worden: Nun normalisiert sich zumindest die Medienwelt wieder ein bißchen. Auch das Fernsehen sendet wieder, von 18 bis 21 Uhr, mit bescheidenen Mitteln und – auch das für Taliban ein unverzeihlicher Sündenfall – mit kaum verschleierten Frauen, die das Programm ansagen und Nachrichten sprechen.

»Ich habe weniger Reporter, als ich Finger an einer Hand habe – und dabei habe ich mich selbst schon mitgezählt«, sagt Fernsehdirektor Hamid. Die paar Journalisten, Kameramänner und Techniker, die ihm zur Verfügung stehen, arbeiten derzeit ohne Gehalt. »Die wenigen alten Mitarbeiter, die noch in Kabul waren, sind vom ersten Tag an wieder in den Sender gekommen. Und keiner hat nach Geld gefragt«, sagt Hamid.

Die 16jährige Mariam Shakebar hatte vor der Talibanzeit im Kinderprogramm mitgewirkt – nun sagt sie die Abendsendungen an. Sie erzählt: »Als die Taliban weg waren, bin ich sofort ins Studio gefahren.« Shakebar ist geschminkt, wenn sie vor die Kamera tritt, aber sie trägt Kopftuch. Auch ansonsten wird auf den islamischen Rahmen geachtet: Eröffnet wird das Programm mit einer Fünf-Minuten-Lesung von Koranversen: Im neuen Afghanistan kommt die Religion noch immer vor den Nachrichten.

Daß es bisher keine wirklich funktionierende Regierung in Kabul gibt – und damit keine Verwaltung für den Staatssender –, haben die Mitarbeiter als Chance begriffen. Sie wählten den früheren TV-Reporter Hamid zum Direktor. Afghanistan macht derzeit Fernsehen in Selbstverwaltung. Wie weit die Unabhängigkeit reicht, muß sich zeigen: Das Fernsehen war in Afghanistan immer Propagandamaschine der jeweiligen Machthaber. Egal, ob das der König war, die Sozialisten oder die Mudschaheddin. Letztere hatten von 1992 bis 1996 die Macht in Kabul und haben sie jetzt zurückerobert. Hamid jedenfalls beharrt auf journalistischer Unabhängigkeit: »Ich habe den Gouverneur von Kabul interviewt und ihm kritische Fragen gestellt.«

Unter den Taliban wurde das TV aus Kabul vom ersten Tag an abgeschaltet: In den von den Islamfundamentalisten kontrollierten Landesteilen (damals fast neunzig Prozent Afghanistans) gab es seit dem 26. September 1996 kein Fernsehen mehr. Kaum waren die Islameiferer in die Hauptstadt einmarschiert, zerschlugen sie Fernsehgeräte, verbrannten vor den Kinos Filmrollen, hängten zerrissene Videobänder an Straßenlaternen. Ohnehin erst Mitte der siebziger Jahre eingeführt, gab es nun von einem Tag auf den anderen kein Fernsehen mehr. Nur in den wenigen Provinzen, die die Antitaliban-Opposition kontrollierte, waren Lokalstationen noch auf Sendung.

Das, was der Talibanstaatssender *Radio Schariat* an Hörfunk ausstrahlte, ähnelte mehr einer Vertonung des Korans als einem Informations- und Unterhaltungsprogramm: Zitate aus dem Heiligen Buch, Aussprüche des Propheten Mohammed, Vorlesungen über die islamische Lehre. Im

Büro des Talibanradiodirektors Eshaq Nezami saßen die Mullahs mit abgelegten Sandalen und untergeschlagenen Beinen auf dem Sofa und pulten zwischen ihren Zehen, während Nezami sein Sendeschema mit dem westlicher Stationen verglich: Radio Schariat biete »die ganze Bandbreite«. Sogar patriotische Lieder gebe es, »nur eben ohne Musik«.

Aber: Ein bißchen Fernsehen gab es sogar im Talibanstaat. Viele Kabulis hatten ihre Empfänger und Satellitenschüsseln versteckt. »Jeden Abend holten wir den Fernseher heraus und bauten die Schüssel auf. Wir sahen CNN oder indische Liebesfilme«, sagt Sunila Hamidi, eine 19jährige Schülerin. Heimlich fernzusehen war gefährlich: darauf standen ein Jahr Haft und Geldstrafen. Manchmal veranstaltete die gefürchtete Religionspolizei Hausdurchsuchungen, durchstöberte Keller und Abstellkammern auf der Suche nach Fernsehern und Kassettenrekordern.

Jetzt ist die Zeit des Kellerfernsehens vorbei. Technisch allerdings ist das Kabuler TV desolat. In den langen Kriegsjahren ist der Sender immer wieder beschossen worden, zuletzt wurde ein Transmitter von US-Bomben zerstört. Empfangen können heute wahrscheinlich nicht einmal fünfzig Prozent der Kabulis das Programm – vorausgesetzt, sie haben überhaupt einen Fernseher. Am Stadtrand von Kabul endet die Fernsehfreiheit ohnehin. »Wir hatten schon vor dem Krieg kein einheitliches landesweites Fernsehen«, sagt Hamid: »Jede Region machte ihr eigenes Programm.«

Im Kabuler Sender ist zudem ein guter Teil der Ausrüstung geplündert worden. Das meiste von dem, was noch da ist, ist über zwanzig Jahre alt. »Uns fehlt es an allem«, sagt Hamid, »wir brauchen Digitalkameras, Schnittische, Mischgeräte.« Es gibt keine einzige Satellitenschüssel für den Empfang ausländischer Programme: Außer den eigenen Bildern bekommen Kabuls Fernsehjournalisten nichts zu sehen.

Und es gibt zu wenig Filme: Die Talibaneiferer hatten das Archiv des früheren staatlichen Filmproduzenten und die TV-Konserven im letzten Moment zerstört. Während die US-Luftwaffe Kabul bombardierte, vernichteten sie gut zwei Drittel der Bestände, die sie zuvor fünf Jahre lang unangetastet gelassen hatten. Direktor Hamid weiß nun morgens nicht, welchen Film er abends ausstrahlen kann. Das, was er in den Überresten findet, ist oft defekt. »Heute Abend zeigen wir Tango-Cash – ich weiß nicht, ob der Film technisch in Ordnung ist. Er lag fünf Jahre irgendwo in der Ecke.«

Aber der Direktor hat noch viele andere Probleme. Wenn auf dem Bonner Petersberg bei der UN-Afghanistan-Konferenz über das Schicksal des Landes entschieden wird, werden Kabuls Fernsehzuschauer davon wenig mitbekommen. Hamid hat kein Geld, um seine Reporter nach Bonn zu schicken.

27.11.2001

Auf den Trümmern der Nachbarschaft

Wie sich Haschim, der Tapfere, und Khan Mullah, der Einbeinige, auf die neue Zeit einstellen

Haschim, der Tapfere, steht auf dem Dach seiner *Kala*, streicht sich den Bart und hat gut lachen. Er betrachtet die zerschossenen Häuser im Nachbardorf und sagt: »Das ist doch Unsinn, daß wir uns mit denen da drüben nicht versöhnen können. Jetzt herrscht hier doch wieder Frieden.« Gegenüber, im anderen Dorf, stakt Khan Mullah auf seinem einen Bein die Straße hinunter, hin zu seinem Kiosk mit den wenigen Stangen Zigaretten, den Streichhölzern und der Kernseife. »Natürlich hassen wir diese Leute,« sagt er. »Aber unsere Ältesten haben ihnen vergeben. Sonst würden wir sie alle töten.«

Zwei Dörfer, zwei Sichtweisen. Nur eine breite Straße trennt die kleinen afghanischen Ortschaften Kala-i-Gulai und Deh-Lagmani voneinander, es ist die Zufahrt zum Flughafen Bagram. Genau entlang dieser Straße zu der strategisch wichtigen Luftwaffenbasis nördlich von Kabul verlief vier Jahre lang die Front im Krieg zwischen den Taliban und ihren Gegnern von der Nordallianz. Bis die Nordallianz vor zwei Wochen unter dem Schutz amerikanischer Bomber nach Kabul stürmte, lagen nicht einmal fünfzig Meter zwischen den ersten Häusern diesseits und jenseits der Front, zwischen den Bunkern und Scharfschützen, zwischen dem festungsartigen Lehmhaus des bärengleichen Haschim und dem schäbigen Kiosk des kleinen Händlers Khan Mullah.

Haschim, dessen Name soviel bedeutet wie »der Tapfere«, ist der Kommandant von Kala-i-Gulai. Sein Dorf hat in den letzten vier Jahren auf der Seite der Taliban, der radikalislamischen Koranschüler, gekämpft. Rund einhundert Taliban, die meisten von ihnen Pakistaner, lebten in Kala-i-Gulai, schossen Tag für Tag hinüber nach Deh-Lagmani. Erst im letzten Moment ist Haschim mit seinen 120 Kämpfern übergelaufen zur Nordallianz – die Bomben der Amerikaner schlugen ein in seinem Dorf, die Talibangegner starteten bereits ihre Großoffensive gegen Kabul.

Was in Kala-i-Gulai geschah, war ein klassischer afghanischer Verrat: Haschims Leute schossen am Nachmittag auf die, mit denen sie am Vormittag noch verbündet gewesen waren. Die Männer aus Kala-i-Gulai hatten sich mit dem verantwortlichen General der Nordallianz abgesprochen, öffneten im entscheidenden Moment die Front und fielen den Talibankämpfern zugleich in den Rücken. Es war ein harter Kampf: Die Taliban wehrten sich bis zum Schluß, ihre Leichen lagen am Tage danach in den Weingärten von Kala-i-Gulai, als Fraß für die Hunde.

Der einbeinige Händler Khan Mullah hat nie die Seiten gewechselt. Er lebte die ganzen langen Kriegsjahre auf der anderen Seite der Front, blieb immer in seinem Geburtsort Deh-Lagmani. Dorthin schossen Haschim und seine Talibanfreunde, denn dort hielten sich die Soldaten der Nordallianz verschanzt. Khan Mullah verkaufte den Soldaten der Nordallianz an seiner armseligen Bretterbude Zigaretten, Streichhölzer und Seife. Die meisten der Soldaten kamen ohnehin aus seinem Dorf.

Seine paar Trauben und das bißchen Mais auf dem Feld haben kaum gereicht zum Überleben für ihn, seine Frau und die vier Kinder. Oft genug hat er im Geschoßhagel geerntet: »Manchmal flogen die Granaten über unsere Köpfe hinweg, wenn wir auf den Feldern waren.« Als vor drei Jahren eine Rakete neben seinem Haus einschlug, hätte die Familie beinahe mit dem Leben dafür bezahlt, daß der Einbeinige die ganzen Jahre über störrisch sagte: »Ich gehe hier nicht weg. Das ist unser Land. Wenn ich mein Blut vergieße, dann hier, auf unserem Boden. Ich bin hier geboren, hier will ich sterben.« Anzunehmen ist, daß die Rakete, die durch die Mauer zu Khan Mullahs Haus brach, aus Kala-i-Gulai kam. Kein guter Nährboden für zukünftige Nachbarschaft.

Dabei sind Kala-i-Gulai und Deh-Lagmani eigentlich friedliche Orte. Sie liegen in der Schomali-Ebene, die berühmt ist für ihre Trauben, ihre Maulbeeren, ihre Nüsse und Äpfel. Die Ebene streckt sich von Kabul bis hinauf zum Pandschirtal und zu den Bergen von Kohistan. Die Menschen in den Dörfern der Schomali haben Generationen lang in Frieden miteinander gelebt, obwohl die einen dem Volk der Paschtunen angehören und die anderen dem der Tadschiken – es war der übliche afghanische Völkermischmasch. Die Menschen aus Kala-i-Gulai sind Paschtunen, die aus Deh-Lagmani Tadschiken, dennoch gruben sie zusammen die Kanäle, mit denen sie ihre Gärten und Felder bewässerten, gingen auf denselben Basar, handelten miteinander.

Selbst ihre Söhne und Töchter verbanden sie: Haschims Schwester heiratete einen Mann aus Deh-Lagmani: »Sie holten die Braut aus diesem Haus hier«, sagt Haschim. Dann zeigt er auf das Nachbardorf: »Und dann brachten sie sie dort hinüber.«

Anders als der einbeinige Khan Mullah, der kaum noch laufen und schon gar nicht mehr kämpfen kann, hat Hakim Hakim-ul-Hak sein Dorf mit der Waffe verteidigt. Hakim Hakim-ul-Hak saß mit seinen zwanzig Mann aus Deh-Lagmani in einem Bunker direkt an der Straße zum Flughafen: ein ausgeschachtetes Loch in der Erde, ein paar Bretter oder Stahlplatten darüber und ein paar Schaufeln Erde. Mehr war es nicht.

Aus den Scharten dieser düsteren Kasematte schoß Hakim-ul-Hak vier Jahre hinüber nach Kala-i-Gulai. Im Dunkel der Nacht unternahm er mit seinen Männern Stoßangriffe auf die Taliban und Haschims Leute oder wehrte deren Attacken ab. »Ich habe einige von denen dort drüben erledigt«, sagt der Bunkerkommandant. »Früher waren wir Freunde, unsere Dörfer haben Volleyball gegeneinander gespielt. Jetzt würde ich Haschim nicht mehr in mein Haus lassen. Hätten wir diesen Krieg verloren, hätten Haschims Leute uns umgebracht, unsere Häuser geplündert. Es wird Generationen dauern, bis wir das vergessen.«

Um zu verstehen, was die Menschen aus Kala-i-Gulai und Deh-Lagmani dazu brachte, aufeinander zu schießen, muß man ein wenig zurückblenden. Nachdem die Taliban 1996 Kabul erobert hatten, stürmten sie weiter in die Schomali, kontrollierten bald die ganze Ebene, hielten vorübergehend auch Bagram. Die Islameiferer standen vor dem Tor zum Pandschirtal, dem letzten Rückzugsgebiet der Nordallianz. Doch dann wurden die bis dahin immer siegreichen Taliban zurückgeschlagen. Einer der Gründe ihrer Niederlage war, daß die Menschen aus den Dörfern der Schomali ihnen in den Rücken gefallen waren und mit der Nordallianz gemeinsame Sache gemacht hatten.

Die Rache der Taliban war fürchterlich. Als sie, bereits zurückgetrieben fast bis Kabul, wieder Tritt gewannen, zerstörten sie die Dörfer in der Schomali-Ebene, brannten Häuser und Felder nieder, erschossen das Vieh, vertrieben die Bewohner. Die Tadschiken, also Leute wie den einbeinigen Khan Mullah, traf es besonders hart: Die Taliban sind Paschtunen, und das, was sie in der Schomali anrichteten, waren regelrechte ethnische Säuberungen. Dies aber war etwas, was selbst das kriegsgeprüfte Afghanistan so noch nicht gekannt hatte. Die Menschen aus Deh-Lagmani flohen nach Norden, in die Flüchtlingslager des Pandschirtals. Nur wenige wie Khan Mullah harrten trotz allem in ihren Dörfern aus, als sich die neue Front am Flughafen festgefressen hatte. Die knapp zwanzig Kilometer lange Front bei Bagram, das war das am härtesten umkämpfte Stück Land in diesem Afghanistankrieg.

Bagram liegt zwischen der neuen und der alten Landstraße nach Kabul. Von den Sowjets zum größten Militärflughafen Afghanistans ausgebaut, lag Bagram nach den langen Kriegsjahren in

Trümmern. Dennoch war die Basis, auf der inzwischen die Flugzeuge der Antiterrorallianz der Amerikaner und Briten landen, entscheidend für die Taliban. »Wer Bagram kontrolliert, der kontrolliert die Schomali-Ebene und damit den Zugang nach Kabul und ins Pandschirtal«, sagt Haschim. »Weil mein Dorf Kala-i-Gulai direkt am Flughafen liegt, war es der wichtigste Ort an der ganzen Front.« Also mußten auch Haschim und seine Leute sich entscheiden. Sie entschieden sich für die Taliban: »Wenn wir nicht für die Taliban gekämpft hätten, wäre unser Dorf von den Taliban ebenso zerstört worden wie all die anderen Dörfer«, sagt Haschim. »Wir hatten keine Wahl.«

Der Krieg zwischen den beiden Dörfern, der Krieg zwischen Leuten wie dem Dorfkommandanten Haschim auf der einen und dem Bunkerkommandeur Hakim Hakim-ul-Hak und dem einbeinigen Khan Mullah auf der anderen Seite der Front, das ist, wenn man so will, der ganze Afghanistankrieg unter dem Vergrößerungsglas: Verschiedene Völkerschaften, zusammengewürfelt in ein und demselben Land, schießen plötzlich aufeinander und begehen unvorstellbare Grausamkeiten. Es werden Bündnisse geschlossen, die heute gelten und morgen gebrochen werden. Es werden Loyalitäten geschworen, die solange Bestand haben, wie sie sich auszahlen.

Jetzt, wo sich der Krieg vielleicht dem Ende zuneigt und der Stern der Taliban untergeht, sollen sich die Afghanen, sollen sich die Menschen aus Kala-i-Gulai und Deh-Lagmani wieder versöhnen. Oder besser gesagt: Sie müssen sich versöhnen. Wenn sich die Weggefährten der geschlagenen Taliban nicht mit der siegreichen Nordallianz einigen, droht das Land in einem neuen Bürgerkrieg zu versinken. Und wenn Haschims Leute nicht wieder gemeinsam mit den Nachbarn die Kanäle und Bewässerungsanlagen graben, bleiben die Felder brach liegen in Kala-i-Gulai und Deh-Lagmani, wachsen keine Trauben in den Gärten der Schomali-Ebene.

Haschim ist einer, der spürt, woher der Wind weht. Seinen schwarzen Talibanturban, den er vier Jahre trug, hat er längst in die Ecke geworfen. Stattdessen kleidet er sich jetzt nach Art seiner früheren Gegner: Die flache Filzkappe, die er neuerdings trägt, ist das Erkennungszeichen der Krieger von der Nordallianz. Haschim sagt, es sei alles nicht so schlimm gewesen in diesem Krieg: »Wir haben nicht wirklich geschossen auf die Leute aus dem anderen Dorf. Das war doch alles nur Theater, wegen der Taliban. Und wenn wir die Front nicht aufgemacht hätten, wäre viel mehr Blut geflossen.«

Haschim, der Friedensfreund aus Kala-i-Gulai, sagt: »Wir müssen jetzt zusammenarbeiten für unser Land.« Nur sich entwaffnen lassen von der Nordallianz, das wollen Haschim und seine Leute nicht. Im Eingang zu Haschims Haus stapeln sich die Kisten mit den Kalaschnikowpatronen, auch Maschinengewehre und ein paar Granatwerfer hat er noch. Genug für alle Eventualitäten, genug für seine kleine Dorfarmee. Haschim, der Friedensfreund von Kala-i-Gulai, sagt: »Vertrauen ist gut, Kalaschnikow ist besser.«

30.11.2001

Ein Königsweg durch Kabul

Wenn Zahir Schah nach 28 Jahren in seine Heimat zurückkehrt, wird er ein Trümmerfeld vorfinden – aber auch viele Menschen mit Elan und Aufbauwillen

Irgendwann wird er kommen. Eines Morgens wird er sein bescheidenes Haus im römischen Villenvorort Olgiata verlassen: im Maßanzug, mit seidenem Halstuch und blank geputzten englischen Schuhen, wie immer sein freundliches Lächeln im Gesicht. Ein Diener wird ihm den Schlag aufhalten, die Wagenkolonne wird ihn zum Flughafen bringen, ein paar Autos, mehr nicht. Allenfalls, daß ihm die italienische Polizei ein paar »weiße Mäuse« mitgibt, eine Handvoll Motorradpolizisten als Eskorte und Zeichen des Respekts: Schließlich ist der alte Herr ein echter König.

Wenn auch ein abgesetzter. Ein ehemaliger König, auf Dauer außer Dienst sozusagen. Aber das macht nichts: Nach 28 Jahren im italienischen Exil soll Afghanistans König Zahir Schah im Frühjahr zurück nach Kabul kommen. Er selbst hat gesagt: »Ich bin bereit, zurückzukehren, wenn das meinem Volk hilft.«

Nicht, daß der 87jährige wieder auf seinen Thron wollte. Dies hat er oft genug zurückgewiesen. Er soll nur eine große Ratsversammlung eröffnen, eine *Loja Jirga*. Auf dem Treffen der

Stammesführer, Ältesten und religiösen Würdenträger soll über die Zukunft des Landes entschieden werden nach zwanzig Jahren Krieg; es geht um das, was kommen soll nach der gerade eingesetzten Übergangsregierung und dem Wachdienst der internationalen Friedenstruppe.

Der König wird dort wohl nicht viel mehr tun, als das Treffen zu eröffnen und Hände zu schütteln – mehr eine Figur als ein Faktor der afghanischen Politik und ansonsten das merkwürdige Gefühl auskostend, nach fast dreißig Jahren zurückzukehren in sein Land und seine Stadt. Es wird wohl Mitte März werden, bis der König nach Afghanistan kommt, so genau weiß das keiner in Kabul und auch nicht in Rom. Die Stadt und das Land aber, das ist schon heute sicher, wird der König kaum wiedererkennen.

Das Kabul, das Zahir Schah erwartet, hat sich in den 28 Jahren seiner Abwesenheit in einen Trümmerberg verwandelt. Eine Stadt, die nicht viel zu tun hat mit derjenigen, die der König 1973 verlassen hatte, um zur Kur nach Italien zu fahren, und wo er von dem Putsch gegen seine Monarchie erfuhr, als ihm ein Pfleger gerade ein frisches Fangokissen aufpackte. Kaum anzunehmen, daß der alte Herr bei all dem offiziellen Brimborium rund um die *Loja Jirga* Zeit haben wird, sich Kabul anzuschauen. (Natürlich wird er keine Zeit haben – er wird sich keinen einzigen Schritt frei bewegen können und alle Sicherheitsleute werden dauernd Angst haben, daß irgendeiner den König zu ermorden sucht.)

Was aber wäre, wenn der König von Afghanistan doch ganz einfach in seiner Hauptstadt spazieren fahren würde, ab und an aussteigend, nach links und rechts freundlich grüßend und mit den Menschen plaudernd: Ein Monarch im Ruhestand, der seinen früheren Arbeitsplatz inspiziert. Nur so, ganz ohne irgendwelche Absichten.

Willkommen also in Kabul, Exzellenz. Am Flughafen erwartet Sie Airportdirektor Hadji Ghulam-Ali Timar – er steht irgendwo hinter all den wichtigen Politikern und Generälen, die sich Schulter an Schulter an der Landebahn drängen. Der König läßt die Politiker und Generäle stehen und geht direkt auf Herrn Timar zu. Der erzählt ihm dann, daß er »seit 25 Jahren Flughafendirektor ist, aber mit Unterbrechungen«. Will heißen: Unter dem Kommunistenregime, das leicht zeitversetzt der Herrschaft Zahir Schahs folgte, hat Timar zwölf Jahre im Gefängnis gesessen, »weil ich ein Muslim bin«. Als 1996 die Taliban kamen, hat er sich ins Ausland abgesetzt: Mit Allahs Eiferern wollte der Muslim Timar nichts zu tun haben. Der Flughafendirektor hat wie so viele andere nach den langen Jahren der »islamischen« Talibankleiderordnung seinen alten, westlich geschnittenen Anzug herausgekramt. Er trägt nun statt dem von den Mullahs erzwungenen Turban eine breite Lammfellmütze auf dem Kopf und bringt den völlig zerstörten Flughafen wieder auf Vordermann. Derzeit läßt Timar die Krater, welche die Amerikaner in die Landebahn gebombt haben, sauber mit Beton ausgießen. Wenn die Piste fertig ist, will der fließend Englisch sprechende Direktor eine Botschaft an alle Fluggesellschaften der Welt schicken: »Der Kabul-International-Airport ist wieder einsatzbereit.« Es steht zwar zu befürchten, daß sich vorerst nicht allzuviele Fluggesellschaften drängen werden, den Kabul-International-Airport anzufliegen, aus den bekannten Gründen. Aber Herr Timar hat näherliegende Probleme: Eine 250-Kilogramm-Bombe, made in USA. Sie befindet sich im Erdreich unter der Landepiste. Während der Bombardements hat die Bombe den Asphalt durchschlagen, sich dann auf einer schlängelnden Bahn ins Erdreich gefressen und sich irgendwo festgesetzt. Weil eine scharfe 250-Kilo-Bombe unter der Landebahn selbst in Afghanistan die Flugsicherheit beeinträchtigt, bleibt nur zu wünschen, daß die Bombenexperten den Blindgänger bis März gefunden haben. Dann kann der König auf dem Kabul-International-Airport landen und sich von Herrn Timar begrüßen lassen.

Wenn nicht, muß Zahir Schah weit draußen vor der Stadt landen, auf dem Militärflughafen Bagram. Der König wird dann eine gute Stunde durch die Schomali-Ebene fahren, eine wüstenartige Landschaft vor Kabul. Die Ebene ist von Bergketten umstanden, die ihre scharfgezackten Kämme wie die blanke untere Zahnreihe eines Raubtierfanges fletschen. Vor den Raubtierzähnen wird der König zerstörte Dörfer und niedergebrannte Wein- und Obstgärten sehen und aufgeplatzte, ausgeglühte Panzer, die seltsam verdreht und verbogen im Sand verharren. Diese Hinterlassenschaften der Taliban, die vor Kabul von den US-Jets zusammengeschossen wurden, werden ihm einen Vorgeschmack verschaffen auf die Ruinen, die ihn in seiner Hauptstadt erwarten. Vielleicht, wenn der König nach rechts aus dem Wagenfenster schaut, wird er die »Granaten-Moschee« sehen, einen kleinen Gebetsplatz am Straßenrand. Den haben die Taliban mit abgeschossenen Kartuschen abgesteckt. Selbst die kleine Gebetsnische wird akkurat von in die Erde gesteckten Geschoßhülsen gebildet – eine fromme Barbarei interessanter Art für einen, der seit Jahrzehnten in einem feinen Vorort von Rom lebt.

Dann aber ist der König auch schon in seiner Stadt. »Seine Hoheit weiß, daß in Kabul kein seinem Rang angemessener Palast bereitstehen wird«, hat ein Sprecher Zahir Schahs gesagt. Das stimmt. Es gibt keine standesgemäße Unterbringungsmöglichkeit mehr in Kabul, nicht für einen König und auch für die meisten anderen Menschen nicht. Dennoch könnte der König, nur so und aus Interesse, kurz zum Dar-ul-Aman-Palast fahren. Der ist im Laufe von zehn Jahren Krieg in Kabul von den Bomben und Granaten regelrecht ausgeweidet worden – ein Skelett aus Stein, mehr nicht. (Die Ruine könnte Zahir Schah allerdings nicht einmal aus Neugierde betreten, weil er Gefahr liefe, auf eine der vielen dort vergrabenen Minen zu treten.) Möglicherweise wird der König, wenn er sich erschrocken von den Trümmern seines ehemaligen Palastes abwendet, mit ebensolchem Entsetzen über sein früheres Regierungsviertel blicken. Das alte Verteidigungsministerium zum Beispiel, das an der Straße zum Dar-ul-Aman-Palast lag: Auch hier ist fast nichts mehr übrig außer den Außenmauern.

Wen der alte König bei seinem Kabul-Besuch offiziell treffen wird, ist ziemlich klar: den Übergangspremier Hamid Karzai natürlich und all die anderen Minister und Würdenträger, die alten und die neuen Warlords – afghanische Autoritäten eben. Und die Offiziere und Soldaten der internationalen Schutztruppe, ein paar Deutsche von der Bundeswehr werden auch darunter sein. All diese Soldaten werden strammstehen und salutieren, wenn der König kommt.

Aber vielleicht hat Zahir Schah ja gar keine Lust auf den offiziellen Teil und das Hackenknallen der ausländischen Soldaten und fährt vom Da-ul-Aman einfach weiter zur Kabul-Universität, dort, wo mehr Leben ist als in den Trümmern des alten Palastes oder bei den offiziellen Empfangsfeiern. In der Universität läuft dann vielleicht gerade Sonja Habibi über den Campus, in einem langen türkisblauen Kleid und mit einem kleinen türkis-blauen Rucksack auf dem Rücken. Sonja Habibi ist 18, sie hat sich für Journalistik immatrikuliert und sie hat das Haus ihrer Eltern zum ersten Mal ohne *Burka* verlassen. Nie zuvor in ihrem Leben als Frau hat sie sich den Blicken fremder Männer gezeigt: Als die Taliban nach Kabul kamen, war sie 13, sie wurde wie alle Frauen und heranwachsenden Mädchen gleich unter die *Burka* gezwungen. Jetzt läuft sie über den Campus der Universität, eine junge Frau, die sich schön fühlt, dies zeigt und die sagt: »Meine Eltern haben mir heute erlaubt, ohne Schleier aus dem Haus zu gehen, weil unser Haus nicht weit entfernt ist. Es ist ungewohnt, von fremden Männern gesehen zu werden. Das Gefühl der Störung ist noch größer als das der Freiheit. Es ist ein bißchen lästig.«

Dann wird der König sie wahrscheinlich erheitert ansehen und sich auf dem Campus den anderen Frauen und Männer zuwenden, den Professoren und den Studenten. Sie alle würden ihm erzählen, wie glücklich sie sind, daß sie nun wieder arbeiten und studieren dürfen, ohne daß ein des Lesens und Schreibens kaum kundiger Talibanmullah während der Vorlesung in den Hörsaal tritt und »uns sagt, was zu tun sei, und kontrolliert, ob wir auch alle einen Turban tragen«, wie es ein Student formuliert.

Sollte der spazierende König dann genug gesehen und gehört haben an der Universität, könnte er sich auf den Weg machen nach Scharenau, einem Viertel am anderen Ende der Stadt. Dort finden sich nicht nur die Büros der internationalen Hilfsorganisationen und die Geschäfte der Teppichhändler, sondern auch das Haus des Geschäftsmannes Gullabdin Scherzai. Die Fassade des Hauses ist unscheinbar, aber wer zeigt in dieser Zeit schon seinen Reichtum, besonders in dieser Stadt. In seinem langen, kragenlosen Gehrock, aus dem ein holzschnittartig durchgearbeiteter Kopf ohne jeden Anflug eines Halses herausschaut, sitzt Scherzai in einem kleinen Büro hinter einem gewaltigen Schreibtisch voller Telefone und Schreibgerätschaften, die fleischigen Hände vor sich auf der Tischplatte verschränkt wie die Glieder einer Ankerkette. Der Geschäftsmann, Händler, Exminister und Bankier ist privat und geschäftlich guten Mutes, weil die Taliban weg sind. Wären sie es nicht, säße er weiter in einer verlausten Zelle im berüchtigten Puli-Charki-Gefängnis am Stadtrand, hätte er keine Chance, wieder ins Geschäft zu kommen. So aber sitzt er nach fünf langen Jahren wieder in seinem Büro und sagt: »Die Taliban waren Räuber und Diebe. Sie wollten das schnelle Geld.«

Gullabdin erinnert ein bißchen an eine Figur aus dem Marionettentheater: Sein Kopf und seine Hände ragen seltsam statisch aus dem Gehrock und er bewegt den Schädel in einer ruckeligen Art, wie es sonst nur die Figuren im Marionettentheater tun, wenn oben über der Bühne einer an den Fäden zieht. Gullabdin war in der Zeit vor den Taliban angeblich einer der reichsten Männer Afghanistans. Seine Anfang der neunziger Jahre gegründete Privatbank ist längst pleite gegangen, seinen sonstigen Geschäften ist die Herrschaft der Koranschüler auch nicht bekommen. »Ich bin ein früherer Minister, ich hatte die einzige islamische Bank Afghanistans. Die Taliban steckten mich mit zehn Dieben in eine Zelle. Es war erniedrigend.«

Gullabdin gehört zu der Art von Geschäftsleuten, die den Schlüssel für den Tresor an einer langen Kette über dem Bauch in der Westentasche tragen und erwarten, daß ihre eigene Person als Garantie für die Solidität des ganzen Unternehmen genommen wird. Er sagt, die Taliban hätten ihn nicht nur »ohne jede Rechtsgrundlage« verhaftet, sondern auch sein Vermögen – und das seiner Bankkunden – aus seinem Tresor heraus gestohlen. Angeblich waren es 48 Millionen US-Dollar. Sie sollen irgendwo im Haus gelegen haben, »unter den Bündeln mit unserer eigenen Währung, den Afghanis«.

Warum bewahrte Gullabdin eine solche Menge Geldes im Haus auf? Würde der König sich umhören in Kabul über seinen Gastgeber, so würde er wahrscheinlich bald Leute finden, die sagen, Gullabdins Im- und Exportgeschäfte in der Zeit vor den Taliban seien keineswegs so sauber gewesen, wie der Unternehmer es darstellt. Aber wahrscheinlich ist der König ein viel zu feiner Mann, als daß er hinter jemandes Rücken solche Fragen stellen würde. Gullabdin jedenfalls sagt: »Was das Bargeld angeht, so bin ich in Konkurs gegangen. Was meinen guten Ruf angeht, bin ich es sicher nicht.«

Auf alle Fälle ist der pleitegegangene Bankier ein sehr höflicher Mann. So höflich, daß er seinen Gästen den Zucker eigenhändig in den Tee rührt, solange bis sich auch das allerletzte Kristall im Glas aufgelöst hat. Natürlich würde er das auch für den König tun und der könnte sich in der Zwischenzeit, während Gullabdin mit seinen Marionettenhänden im Teeglas rührt, die kostbaren Teppiche bewundern, die im Büro liegen und die Telefone zählen, die auf dem Schreibtisch stehen (es sind neun). Er könnte sich bei dieser Gelegenheit auch wundern, weshalb die Decke mit Zellophan abgehängt ist, als ob es jeden Moment hereinzuregnen drohte, und sich fragen, ob man das Land mit Geschäftsleuten wie Gullabdin wieder aufbauen kann oder ob man lieber auf all die Exilafghanen setzen soll, die seit Jahren gut in den USA und Europa leben, aber so schnell nicht zurückkehren werden.

Wen der König noch treffen könnte bei seinem Rundgang in Kabul? Vielleicht einen wie Ghazir Mohammed, den Ladenbesitzer aus der 5. Universitätsstraße. Ghazir Mohammed geht und steht von einer Krankheit so schief gebeugt, daß man auf seinem Rücken ohne Bedenken ein Tablett mit grünem Tee abstellen könnte für den König. Er verkauft an seinem kleinen Kiosk in dem zerschossenen Haus nahe der Universität so ziemlich alles, was sich zwischen Zigaretten und Zwiebeln, Keksen und Kartoffeln verkaufen läßt. Er sagt: »Früher hatte ich einen richtigen Laden und ich lebte gut. Jetzt aber gibt es weder Strom noch Wasser in unserer Straße, die Häuser sind kaputt und wir leben von dem, was uns die Hilfsorganisationen geben.« Solche Geschichten wird der König von vielen Menschen hören in Kabul – die meisten leben von der Hand in den Mund und damit nicht schlechter als Ghazir Mohammed. Doch Ghazir Mohammed könnte noch etwas ganz anderes erzählen, was den König wahrscheinlich weit mehr verwundern würde. Ghazir Mohammed hat eine Immobilienagentur. Die Häuser, die er zum Kauf vermittelt, sind allesamt Ruinen. Zweihunderttausend Dollar kostet die zerschossene Ladenzeile, die Ghazir Mohammeds Kiosk beherbergt, siebzigtausend die Ruine an der Ecke gegenüber. »Die Leute, die diese kaputten Häuser samt dem Boden kaufen, leben allesamt in den USA oder in Japan. Sie haben Geld und sie denken an die Zukunft.« Also daran, daß auch hier irgendwann einmal wieder etwas aufgebaut wird, daß Kabul irgendwann einmal wieder eine normale Stadt sein wird mit Läden und Geschäften und Häusern ohne Einschußlöcher in den Fassaden und ohne warnende Schilder: »Achtung – hier gibt es Minen und nicht explodierte Geschoße.«

Schon vierzig Prozent aller Privathäuser in Kabul seien verkauft, sagt Ghazir Mohammed. Allein er habe rund dreißig in den letzten vier Jahren an Exil-Afghanen als Zwischenhändler vermittelt und jeweils ein Prozent der Kaufsumme bekommen und damit mehr, als sein Zwiebel- und Zigarettenkiosk in guten Zeiten abwirft. Das Geschäft habe in der Talibanzeit begonnen. Die langfristigen Geschäftsinteressen orientieren sich eben auch in Kabul weniger an der Politik als an der Lage und »die ist hier nahe der Universität sehr gut«, wie Ghazir Mohammed sagt.

Einer, mit dem der König grundsätzlicher über die mögliche Zukunft der Stadt sprechen könnte, ist der Bürgermeister von Kabul. Ghulam Muhaiddin Bahwi ist ein sympathischer Herr, der in seinem eiskalten Büro neben einem elektrischen Heizöfchen sitzt und dieses wahrscheinlich sofort ein Stück näher heran zum König schieben würde. Bahwi ist wohl der einzige Bürgermeister dieser Erde, der wirklich keinen Pfennig Cent im Budget hat, aber eine Stadt wiederaufbauen soll, die nach Millioneninvestitionen schreit. Für die Stadt mit eineinhalb Millionen Einwohnern hat der Bürgermeister »fünf Bulldozzer, eine Asphaltiermaschine und einen Leichenwagen« im Betriebshof stehen. Das ist ein bißchen wenig an Gerät, um eine Stadt aufzubauen, die zu mindestens vierzig Prozent vom Krieg zerstört ist, deren Wassersystem marode, deren Energieversorgung mangelhaft und deren Telefonsystem im wesentlichen aus einer museumsträchtigen Vermittlungsanlage der Firma Siemens besteht, die vor fünfzig Jahren angeschafft wurde. Damals war König Zahir Schah noch jung, damals regierte er noch in aller Pracht. Sollte der König fragen, wie Bahwi das einst strahlende Kabul wieder aufbauen wird, dann wird der Bürgermeister wahrscheinlich mit der Hand auf den »Generalplan Kabul bis zum Jahr 2000« zeigen, den er sich ins Büro gehängt hat und der von 1978 stammt. Und er wird von den Geldschwierigkeiten erzählen und davon, daß die Taliban bei ihrer Flucht nicht nur die fünf Millionen Dollar schwere Zentralbankkasse gestohlen haben, sondern auch das letzte der Stadt zur Verfügung stehende Geld.

Sollte aber wieder Geld kommen– »wir setzen ganz auf die Hilfe unserer internationalen Freunde, besonders auch auf die der Deutschen« –, dann hat der Bürgermeister Pläne. Er will nicht nur das zerstörte Kabul aufbauen, sondern gleich noch eine Hauptstadt der Zukunft zimmern, für eine Zeit, in der Kabul »vielleicht zwei, drei oder fünf Millionen Einwohner hat.« Das neue Kabul soll in der Schomali-Ebene entstehen, am Fuße der steinernen Raubtierfänge. Der Bürgermeister hat sein Kabul der Zukunft schon im Kopf, denn er hat im Bücherschrank ein Buch stehen: »Wie wir die Städte des 21. Jahrhunderts schaffen.«

Wahrscheinlich würde dies dem König gefallen: Zahir Schah war selbst einer, der ziemlich optimistisch an der Zukunft seines Landes gebaut, es im behutsamen Schnellgang nach vorne zu bringen versucht hatte, bevor er von seinem weit ungeduldigeren Neffen, dem Putschisten Daoud abgesetzt wurde.

Vom König wird gesagt, daß er einem seltsamen Hobby nachgehe: Angeblich klebt er bei sich zu Hause in Rom Fotomontagen zusammen.

Links die Bilder vom früheren Kabul, rechts die vom zerstörten Kabul. So wie es aussieht, werden sich der Bürgermeister und der König also viel zu sagen haben. Wenn er denn überhaupt nach Kabul kommt, der König von Afghanistan.

29.12.2001